USUCAPIÃO
CONSTITUIÇÃO ORIGINÁRIA DE DIREITOS
ATRAVÉS DA POSSE

FERNANDO PEREIRA RODRIGUES
Juiz Desembargador

USUCAPIÃO
CONSTITUIÇÃO ORIGINÁRIA DE DIREITOS ATRAVÉS DA POSSE

LEGISLAÇÃO ANEXA
Código Civil e Código do Notariado
(disposições aplicáveis à usucapião)

CÓDIGO DO REGISTO PREDIAL
Portaria n.º 621/2008, de 18 de Julho
Portaria n.º 622/2008, de 18 de Julho

ALMEDINA

USUCAPIÃO
CONSTITUIÇÃO ORIGINÁRIA DE DIREITOS
ATRAVÉS DA POSSE

AUTOR
FERNANDO PEREIRA RODRIGUES

EDITOR
EDIÇÕES ALMEDINA. SA
Av. Fernão Magalhães, n.º 584, 5.º Andar
3000-174 Coimbra
Tel.: 239 851 904
Fax: 239 851 901
www.almedina.net
editora@almedina.net

PRÉ-IMPRESSÃO | IMPRESSÃO | ACABAMENTO
G.C. GRÁFICA DE COIMBRA, LDA.
Palheira – Assafarge
3001-453 Coimbra
producao@graficadecoimbra.pt

Outubro, 2008

DEPÓSITO LEGAL
284103/08

Os dados e as opiniões inseridos na presente publicação
são da exclusiva responsabilidade do(s) seu(s) autor(es).

Toda a reprodução desta obra, por fotocópia ou outro qualquer
processo, sem prévia autorização escrita do Editor, é ilícita
e passível de procedimento judicial contra o infractor.

Biblioteca Nacional de Portugal – Catalogação na Publicação

RODRIGUES, Fernando Pereira

Usucapião : constituição originária de direitos
através da posse. – (Monografias)
ISBN 978-972-40-3651-9

CDU 347

*À minha mulher
e
a meus filhos*

NOTA INTRODUTÓRIA

O presente trabalho é uma sinopse sobre a usucapião, uma resenha do que sobre o tema se tem dito na doutrina e na jurisprudência, em que o singelo trabalho, essencialmente, se escora.

É um processo de estudo sobre esta forma peculiar e originária de constituição do direito de propriedade e de outros direitos reais de gozo através da posse.

Mais do que pretender esgotar a análise de todas as questões que se colocam sobre o assunto, fica-se com o propósito de apresentar uma panorâmica de quanto, mais pacífico ou algo controverso, se tem escrito sobre a matéria, essencialmente no desiderato de compendiar notas dispersas colhidas na doutrina e na jurisprudência.

Por se tratar de um tema sempre actual e de utilidade prática incontestável, espera-se contribuir para uma certa clarificação de pontos de vista que se colocam nas variadas vertentes que a usucapião oferece à observação e análise de quem carece de navegar nas águas deste instituto.

Fica o desígnio de deixar em aberto um aprofundamento da síntese que aqui se deixa, quiçá para um posterior e mais elaborado tratamento da matéria, mormente em aspectos mais controvertidos, aqui apenas abordados pela rama e que necessitam de uma indagação mais adequada e uma mais profunda reflexão.

Lisboa, Agosto de 2008.

USUCAPIÃO

1. Sua origem, noção e fundamento

1.1 Origem

A usucapião é o resultado de uma evolução histórica recuada ao tempo da *"Lei das 12 Tábuas"*, que, para o caso, dispunha: *"usus auctoritas fundi biennium coeterarum rerum annus esto"*. O que significava que o domínio sobre os fundos (as terras) se adquiria através do uso (*"usus"*) durante dois anos e, sobre as outras coisas, durante um ano.

Com o estender do Império Romano veio a configurar-se um instituto que, embora alargando a possibilidade da constituição pela posse, se tornou mais exigente quanto aos seus pressupostos. Assim, importado do antigo direito grego, foi introduzida a *"praescriptio longi temporis"*, que permitia à pessoa possuidora de uma coisa durante vinte anos defender-se em juízo, com base nesse facto, das pretensões de qualquer outro arrogado titular.

Daí que esse instituto tivesse origem processual e fosse também designado nas fontes por *"exceptio longi temporis"* ou *"exceptio longae possessionis"*.

Posteriormente, da fusão da *"usucapio"* com a *"praescriptio"*, realizada por Justiniano no *Corpus Juris Civilis* resultaria a *"prescrição positiva"*, designação e instituto acolhidos no Código de Seabra[1].

1.2 Noção

O termo ***"usucapião"***[2] começou a ser usado, para designação do respectivo instituto, no Código Civil de 1966 (Código de Vaz Serra), em

---

[1] António Menezes Cordeiro, Direitos Reais, 1979, 467.

[2] Etimologicamente *"usucapião"* significa adquirir (do verbo *"capio"*) através do uso (*usu*). Uso que pressupõe a posse, por não se poder usar do que se não possui. Mas no latim existe mesmo o termo *"usucapio"* como verbo, que significa tomar pelo uso ou adquirir pelo longo uso e como substantivo (feminino) que significa maneira

substituição da expressão "*prescrição aquisitiva*" (ou "*prescrição positiva*") utilizada no código velho (art.s 505.º e ss. deste código)[3].

Porém, na sua essência, a usucapião continua a corresponder à prescrição aquisitiva ou positiva da lei antiga, ou seja, a uma forma de constituição originária de determinados direitos reais, pela transformação em jurídica de uma situação de facto, de uma mera aparência, em benefício daquele que exerce a gestão económica da coisa.

A usucapião, tal como a ocupação e a acessão, traduz-se numa forma de aquisição originária do direito de propriedade ou de outro direito real de gozo, na medida em que o novo titular se constitui naquele direito independentemente do direito do anterior titular.

O código Civil actual, no art. 1287.º, diz que se chama usucapião à posse do direito de propriedade, ou de outros direitos reais de gozo, mantida por certo lapso de tempo, que faculte ao possuidor, salvo disposição em contrário, a aquisição do direito, a cujo exercício corresponde a sua actuação.

Com base na evolução do instituto e na descrição oferecida pela lei pode, desde já, ensaiar-se uma concisa noção de usucapião:

A usucapião é a constituição facultativa do direito de propriedade, ou de outro direito real de gozo, a favor de quem detenha a correspondente posse, durante certo lapso de tempo, em determinadas condições, dentro dos limites previstos na lei e por via de triunfante invocação.

A usucapião pressupõe a verificação, em termos gerais, dos seguintes requisitos:

– Uma posse – com "*corpus*" e com "*animus possidendi*";
– Uma posse à semelhança do direito de propriedade ou de outro direito real de gozo;

---

de adquirir pelo uso ou pela posse (Vd. Dicionário Latino-Português de Francisco Torrinha, 1945).

O género da palavra "*usucapião*" (masculino ou feminino !) foi objecto de discussão antes da sua inclusão no código de 1966 e até de consulta a Oliveira Salazar, acabando o, então, Ministro da Justiça, Antunes Varela, por dar a palavra por feminina, seguindo a proposta do Prof. Paulo Merêa (Ver Rui Pinto Duarte, Curso de Direitos Reais, pg. 280, em nota de rodapé). Contudo, há quem utilize a palavra no masculino, v. g. Durval Ferreira (in Posse e Usucapião, 2.ª ed., pg. 437 e ss).

[3] "A aquisição de cousas ou direitos pela posse diz-se prescrição positiva" (art. 505.º, § único)

- Uma posse prolongada – durante relevante lapso de tempo, maior ou menor, consoante o bem possuído seja imóvel ou móvel e atentas as características que aquela revista;
- Uma posse vencedora – que aniquile ou restrinja o eventual direito de outro titular do bem.

Verificados que se mostrem os enunciados requisitos, estarão, em regra, constituídos os necessários pressupostos para que o possuidor se arrogue na faculdade de invocar a usucapião para reconhecimento do direito a cuja imagem, ou semelhança, tenha vindo a possuir.

Sempre no pressuposto de que a aquisição por usucapião é uma constituição originária, que tem como sua fonte ou génese a posse, geradora do direito, com título, sem título, contra um título de terceiro ou mesmo com um título afectado de nulidade substantiva.

Como diz Durval Ferreira, "a posse é agnóstica e a aquisição do direito, com base nela, é originária, tendo tão só a posse por causa genética ou geradora. E a posse, é posse boa para usucapião mesmo sem título, ou com título substancialmente nulo (artigos 1259.º e 1296.º). Isto é, a nulidade (substancial ou formal) do título, ou até a falta de título, não mancham a posse, como posse boa para usucapião: apenas podem interferir com o tempo exigível para a posse ser posse prescricional. E neste campo, nem sequer maculando a posse. Mas até, e ao invés, melhorando-a se o título está registado (artigos 1294 e 1298)"[4].

A designada "*posse prescricional*", fundada na "*possessio civilis*" romana, corresponde à posse boa para a usucapião, que é uma posse efectiva, uma posse exigida pelo fim da utilização da coisa sob o ponto de vista económico, ou seja, uma posse que proporcione o gozo normal e completo daquilo para que a coisa presta[5].

1.3 Fundamento

Caracterizada, genericamente, a noção do instituto da usucapião, importa indagar do motivo pelo qual se justifica que alguém adquira um direito sobre determinada coisa só porque a possui durante determinado lapso de tempo, embora de forma pacífica e pública e com propósito de dela se assenhorear.

---

[4] In Posse e Usucapião, 2.ª ed., pg. 447.
[5] Oliveira Ascensão, Direito Civil Reais, 5.ª ed., pg. 297-298.

A usucapião não pode ser vista como um ataque ao direito de propriedade, mas antes como um tributo à posse, tanto assim que apenas opera na condição de se verificar uma posse de longa duração, exercida contra quem, embora titular da propriedade, se colocou em relação a ela numa posição de inércia, deixando que outrem lhe desse uso, conferindo--lhe função social e económica mais relevante.

Mas a justificação plausível para a existência do instituto não parece ser a de um presumido estado de abandono por parte do titular da coisa, pois que, de contrário, ter-se-ia de considerar essa vertente antes de se haver por verificada a usucapião, o que a lei não previne.

Por outro lado, esse presumido estado de abandono da coisa – *"derelictio rei"* – mormente tratando-se de coisa imóvel, teria como consequência, *"ex lege"*, a sua automática integração no património do Estado (art. 1345.º), o que até obstaria a que a usucapião pudesse operar.

A justificação coerente com a natureza do instituto reside antes no interesse público, da comunidade, na certeza da existência dos direitos reais de gozo sobre as coisas e dos respectivos titulares, sendo que, em muitas situações, o único meio de prova seguro, e até possível, residirá numa posse pública, pacífica e protraída no tempo.

A circulação a que as coisas estão sujeitas sofreria um enorme bloqueio caso reinasse uma incerteza instalada sobre a sua existência e titularidade, incerteza que não pudesse ser removida por um meio expedito de que o comum dos cidadãos pudesse lançar mão, como é o de invocar, com sucesso de prova, uma posse justificadora da titularidade do direito real de gozo.

Deste modo, são razões de interesse público que conduziram à adopção da usucapião como meio de aquisição do direito de propriedade e de outros direitos reais de gozo, a cuja imagem se possua, à vista de todos, de forma não violenta e por tempo relevante[6].

Sucede que poderá questionar-se se estas razões de interesse público não poderão ser colocadas em causa em face de um eventual enriquecimento sem causa do adquirente por usucapião.

Tudo dependerá, pois, de saber se face ao nosso ordenamento jurídico a usucapião constituirá, ou não, uma causa justificativa de aquisição de direitos.

Ora, o enriquecimento do possuidor com base em usucapião, embora no reverso consubstancie um empobrecimento do titular do direito, é um

---

[6] Vd. Durval Ferreira, in Posse e Usucapião, 2.ª ed., pg. 440.

enriquecimento que, no ordenamento jurídico, tem como causa justificativa, precisamente a, já assinalada, do interesse público na certeza da existência dos direitos reais de gozo sobre as coisas e dos respectivos titulares, designadamente para o conveniente e desembaraçado tráfico das coisas e de haver um meio de prova adequado da existência do direito e de quem é o seu titular e de a posse prescricional ser o meio adequado de prova.

Assim sendo, mesmo que a posse, com base na qual, por usucapião, se adquira o direito, em si mesma, não tenha causa justificativa do enriquecimento, este sempre terá como causa justificativa o sobredito interesse público.

Todavia, como bem assinala Durval Ferreira, a questão mantém-se na hipótese particular da aquisição do direito sobre móveis, se a usucapião se verifica ao abrigo do artigo 1300.º/2, do CC, pois aqui a causa justificativa da usucapião só justifica o enriquecimento do segundo possuidor (protecção acrescida da boa-fé).

Com efeito, se aquele que possui a coisa (móvel), sob violência ou ocultamente, a cedeu onerosamente a segundo possuidor de boa-fé, a posse deste justifica a aquisição do direito sobre a mesma por usucapião e o seu enriquecimento. Contudo, nada justifica que, quanto ao possuidor cedente, este enriqueça o seu património com a contrapartida que recebeu do segundo possuidor pela cedência da posse.

Por outras palavras: na hipótese assinalada, o segundo possuidor adquire o direito, por usucapião, com causa justificativa, pelo que o anterior titular do direito perde a coisa e sem direito de acção de restituição, contra aquele, com hipotético fundamento em enriquecimento injustificado. No entanto, o anterior titular do direito sobre a coisa manterá direito de acção de restituição por locupletamento sem causa contra o primeiro possuidor-cedente, a fim de haver deste a devolução do contra-valor que o mesmo cobrou pela cedência.[7]

2. Dos bens usucapíveis

2.1 A regra

A norma contida no art. 1287.º insere a regra geral da usucapitabilidade, isto é, da qualidade que o direito de propriedade e de outros direitos reais de gozo têm de poderem ser constituídos pela usucapião.

---

[7] Vd. Durval Ferreira, ob. cit., pgs. 479-480.

Em face da regra estabelecida, ainda que a lei não o diga expressamente, são usucapíveis, em princípio, todos os direitos reais de gozo. Com efeito, é suficiente que a lei nada diga em contrário para que se aplique a regra geral[8].

Em face da mesma regra, são excluídos da aquisição por usucapião os direitos reais de garantia (penhor, hipoteca); os direitos reais de aquisição (preferência, execução específica) e os direitos de créditos (como será o caso da locação, para quem defender a sua natureza de direito de crédito e não de direito real, posição que não compartilhamos).

De entre as normas que expressamente consagram a usucapitabilidade de direitos reais de gozo contam-se as dos artigos 1316.º (propriedade em geral), 1390.º/2 (aproveitamento de fontes e nascentes), 1417.º/1 (propriedade horizontal), 1440.º (usufruto), 1528.º (direito de superfície) e 1547.º//1 (servidões prediais aparentes).

De um modo geral, o direito de propriedade pode adquirir-se, entre outros títulos, por usucapião.

Também como regra, o direito usucapto demarca-se no que concerne à sua identidade e extensão em função e correspondência com o estilo da posse tal como foi exercitada, no enquadramento do princípio "*tantum praescritum quantum possessum*"[9].

2.2 As limitações

Importa, porém, desde já deixar claro que o instituto da usucapião, como modo específico de aquisição do direito de propriedade, não pode subverter ou violar os princípios fundamentais que regem a propriedade dos bens.

Assim, por exemplo, a constituição da propriedade horizontal através da usucapião apenas se torna possível quando todos os possuidores de um prédio o ocupam dividido em fracções que satisfaçam os requisitos dos artigos 1414.º e 1415.º do CC e utilizando-o como se ela estivesse constituída.

Por outro lado, o Tribunal não pode alterar o título constitutivo da propriedade horizontal em violação das normas legais em vigor, designadamente, sem a aprovação de todos os condóminos e junção de documento

---

[8] A. Menezes Cordeiro, ob. cit., 471.
[9] Ac da RL de 28.04.1998, in BMJ 476/480.

emanado da Câmara Municipal comprovativo de que a alteração está de acordo com as leis e regulamentos em vigor na autarquia, porque não pode impor a terceiros nem aos Condóminos uma decisão que a todos atinge, quando os condóminos e o Município não são sequer partes na acção. O Tribunal apenas pode declarar adquiridas por usucapião fracções autónomas completas (a menos que se trate de aquisição em compropriedade), sob pena de fraude à lei[10].

A divisão ou compartimento interior de um prédio, enquanto parte estrutural do mesmo, só pode fraccionar-se juridicamente mediante os mecanismos que regem a constituição da propriedade horizontal[11].

Também a fachada de um edifício, bem como as demais partes comuns, que são aludidas no artigo 1421.º do CCivil, constituem coisas que em princípio (com a possibilidade da ressalva das que constam do n.º 2 do aludido preceito) se encontram funcionalmente adstritas às várias fracções autónomas do prédio, pelo que não podem ser usucapidas pelos titulares daquelas[12].

Assim, também não é permitida a aquisição por usucapião de parcela de terreno de um prédio rústico ilicitamente loteado, por isso contrariar disposições legais imperativas. Com efeito, nos termos do art. 54.º da Lei n.º 91/95, de 2/9, são nulos os negócios jurídicos de que resultem, ou possam vir a resultar, a constituição da compropriedade ou a ampliação do número de compartes de prédios rústicos, quando tais actos visem ou deles resulte o parcelamento físico em violação ao regime legal dos loteamentos urbanos.

Daí que tratando-se de uma parcela de terreno inserida num loteamento clandestino, no qual se encontrem edificadas construções ilegais, o reconhecimento da autonomia jurídica de dita parcela, mediante recurso à figura da usucapião, redundaria na violação de normas imperativas, designadamente daquelas que visam a recuperação urbanística de áreas degradadas[13].

No que respeita à aquisição das águas das fontes ou nascentes por usucapião esta apenas se pode verificar quando for acompanhada da

---

[10] Ac do STJ de 13.12.2007, acessível em http://www.dgsi.pt/jstj.
[11] Ac da RC de 27.09.2005, in CJ, IV, 16.
[12] Ac da RL de 15.03.2007, acessível em http://www.dgsi.pt/jrl.
[13] Ac da RL de 30.04.2002, in CJ, II, 126. Porém, em sentido contrário veja-se Ac da RE, de 26.10.2000 (in CJ, IV, 272), segundo o qual "são usucapíveis as parcelas com área inferior à unidade de cultura, resultantes de divisão, efectuada por partilha verbal, de um prédio rústico apto para fins agrícolas".

construção de obras, visíveis e permanentes, no prédio onde exista a fonte ou nascente, que revelem a captação e a posse da água nesse prédio (art. 1390.º/2).

Tais obras terão de resultar de facto humano, não sendo como tal consideradas as que possam resultar do próprio escoamento natural das águas. No entanto, as mesmas tanto podem ser realizadas pelo dono do prédio que das águas pretende aproveitar-se como pelo dono do prédio onde as águas brotam[14].

Quanto à nua-propriedade, dizem Pires de Lima e Antunes Varela que "alguns autores excluem a nua-propriedade, com o argumento de que ela não seria sequer susceptível de actos possessórios. Trata-se, porém, de um entendimento inaceitável, porque o nu-proprietário, além de poder praticar directamente sobre a coisa determinados actos materiais (vide os arte. 1471.º e 1473.º), exerce sempre a sua posse por intermédio do usufrutuário. Este é possuidor da coisa em nome próprio quanto ao direito de usufruto, e detentor ou possuidor dela em nome alheio quanto à propriedade da raiz"[15].

Assim, é entendimento de seguir o de que o usufruto a favor de doador não obsta a que a nua-propriedade possa ser adquirida por usucapião pelo usufrutuário que tenha a posse efectiva e em nome próprio do bem doado[16].

3. A posse do bem

3.1 O *"corpus"* e o *"animus"*

Do art. 1251.º CC decorre que posse é o poder que se manifesta quando alguém actua por forma correspondente ao exercício do direito de propriedade ou de outro direito real.

Nesta definição legal de posse se insere a nota do *"corpus"* – quando alguém actua – e a nota do *"animus"* – por forma correspondente ao exercício do direito de propriedade ou de outro direito real. E uma relação entre *"corpus"*, enquanto exercício de poderes de facto que

---

[14] Ac da RP de 12.12. 1991, in CJ, V, 2001.
[15] In Código Civil Andado, vol. III, 1987, pg. 64-65.
[16] Ac da RP de 26.09.2005, in CJ, 2005, IV, 179.

encerre uma vontade de domínio, e *"animus"*, enquanto intenção jurídica ou vontade de agir como titular de um direito real[17].

Para a usucapião, o *"corpus"* consiste no domínio de facto sobre a coisa, traduzido no exercício efectivo de poderes materiais sobre ela ou na possibilidade desse exercício. Por seu lado, o *"animus"* consiste na intenção de se exercer sobre a coisa, como seu titular, o direito correspondente àquele domínio de facto. O *"animus"* não pode ser confundido com a convicção de ser titular do direito.

O exercício do *"corpus"* faz presumir a existência do *"animus"*, pelo que não carece o possuidor de provar o *"animus"*, incumbindo, antes, a quem o conteste, demonstrar a sua inexistência[18].

Existindo, por parte de alguém, o domínio de facto sobre a coisa, através do exercício de poderes materiais sobre ela, ou seja, o *"corpus"*, está estabelecida uma presunção de posse em nome próprio a favor do mesmo (art. 1252.º n.º 2 do CC).

Não sendo ilidida essa presunção de posse, podem adquirir por usucapião os que exercem o poder de facto sobre a coisa, como foi entendido no Acórdão Uniformizador de Jurisprudência do STJ de 14.05.96[19], isto é, em caso de dúvida sempre será de presumir a posse naquele que exerce o poder de facto[20].

Em todo o caso, o *"animus"* está intimamente relacionado com a forma da investidura da posse: se esta for derivada, o tipo de negócio jurídico de que deriva a posse domina o *"animus"*, mas se a investidura da posse for unilateral, o *"animus"* terá de ser muito mais marcado e resultará de toda a actuação do possuidor.

É que na aquisição unilateral não existe um negócio jurídico que defina a vontade, pelo que o *"animus"* poderá revelar-se através da própria estrutura do *"corpus"*, independentemente da averiguação directa da intenção do possuidor[21].

Deste modo, se celebrado um contrato-promessa de compra e venda de um imóvel, o promitente-comprador passar, nesta qualidade e na previsão da futura outorga da compra e venda prometida, a conduzir-se

---

[17] V. Durval Ferreira, ob. cit., pág. 126 e ss.
[18] Ac da RC de 17.11.1981, in CJ, V, 61 e Ac do STJ de 9.01.1997, in CJ, I, 37.
[19] In DR n.º 114/96, de 24/6.
[20] Ac da RL de 17.11.2005, acessível em http://www.dgsi.pt/jrl.
[21] Ac da RP de 4.11.1982, in CJ, V, 202.

como se o imóvel fosse seu, os actos possessórios são praticados com o *"animus"* de exercer o direito de propriedade em seu próprio nome e interesse. E não no interesse do promitente-vendedor, pelo que a sua posse, lícita e legítima, é, por isso mesmo, susceptível de fundar a aquisição por usucapião. Obviamente, desde que concorram os demais requisitos que a esta conduzem[22].

3.2 A posse efectiva

A usucapião tem por suporte uma situação de posse efectiva, traduzida no aproveitamento da coisa na perspectiva da sua utilidade económica.

Este conceito era claro na letra do art. 531.º do código velho, ao reportar a figura ao exercício necessário para "o gozo normal e completo daquilo para que, conforme a sua natureza a cousa prestava".

Deste preceito, cuja doutrina se considera em vigor, decorre *"prima facies"* que só é possível adquirir por usucapião coisas que já existiam no mundo real e que eram susceptíveis de ser adquiridas por modo diferente da usucapião.

Assim, em princípio, não é de admitir a aquisição por usucapião de parte de um prédio, que não pudesse ser destacada sem autorização administrativa[23].

A posse que interessa para efeitos de usucapião não é a posse causal, ou seja, a posse conforme com um direito que, inquestionavelmente, se tem e de que representa simples exteriorização. É a posse formal, correspondente a um direito que, comprovadamente, se não tem ou que poderá não se ter, mas cujos poderes se exercem como sendo de um titular. Posse vista em abstracção do direito possuído, algo com existência por si, susceptível de conduzir, pela via da usucapião, à aquisição do direito, caso não se seja já senhor dele[24].

Assim, tendo sido celebrado contrato-promessa de compra e venda de um imóvel com tradição deste para o promitente-comprador fica este investido na posse do bem, exercida em termos de propriedade, mas com

---

[22] Ac da RE de 13.05.1999, in BMJ 487/376.
[23] Rui Pinto Duarte, in Curso de Direitos Reais, pg. 282.
[24] Galvão Telles, in O Direito, 121, 652 e António Menezes Cordeiro, ob. cit., pg. 602.

a natureza de posse formal, visto que a propriedade da coisa está ainda na esfera do promitente-vendedor[25].

Mas esta posse formal exercida pelo promitente-comprador, em seu próprio nome e interesse e não no do promitente-vendedor, sendo legítima, é susceptível de fundamentar a constituição do direito de propriedade por usucapião, desde que, como já se disse, se verifiquem os restantes pressupostos.

Com efeito, embora o contrato-promessa de compra e venda de imóvel acompanhado da *"traditio"* deste seja, por si só, insusceptível de transmitir a propriedade, o certo é que, em tal situação, se, designadamente, tiver havido o pagamento da totalidade do preço e o promitente-vendedor abdicar, por isso, dos poderes juridicamente resultantes da sua qualidade de proprietário, em benefício do promitente-comprador, este passará a ser um verdadeiro possuidor, com poderes suficientes para poder vir a invocar a aquisição do direito de propriedade por via da usucapião[26].

Deste modo, o promitente-comprador que há cerca de 30 anos pagou a quase totalidade do preço e passou a fruir a fracção objecto do contrato--promessa, pagando as despesas de condomínio e as contribuições, deve ser considerado como um verdadeiro possuidor, para efeitos de poder invocar com sucesso a usucapião[27].

A propósito dos fundamentos sociológicos e políticos da usucapião escreve António Menezes Cordeiro: «a nível de prova, verifica-se que o direito de propriedade e os demais direitos reais de gozo são, por definição, direitos de longa duração. Podem mesmo perdurar ao longo de séculos. Nessas condições, pode tornar-se inviável, para os titulares, provar o facto constitutivo do seu direito. A usucapião funciona então como meio irrefutável de prova: defende, antes do mais, a excelência da posição do proprietário legítimo.

Em termos materiais, a usucapião, assente na excelência duma posse qualificada e com prazos alongados, surge como fonte legitimadora do domínio. O possuidor mostrou merecer ser proprietário. Paralelamente, qualquer outro pretendente veio a colocar-se, pelo seu desinteresse, na posição inversa de mais não merecer a titularidade que, de facto, enjeitou.

Em suma: a usucapião realiza a velha aspiração histórico-social de reconhecer o domínio a quem, de facto, trabalhe os bens disponíveis e lhes dê utilidade pessoal e social»[28].

---

[25] Ac do STJ de 26.04.1988, acessível em http://www.dgsi.pt/jstj.
[26] Ac da RL de 19.11.2002, acessível em http://www.dgsi.pt/jrl.
[27] Ac da RL de 22.02.2005, in CJ, 2005, I, 120.
[28] A. Menezes Cordeiro, in ROA, n.º 53, 1993, pg. 38

Deste modo, o acto de pagar o IMI – Imposto Municipal Sobre Imóveis – (ou, anteriormente, a contribuição autárquica ou predial), uma vez que não pressupõe uma relação de facto sobre a coisa, não é configurável como um acto material de posse, pelo que não basta a prova de se ter pago, por mais de 20 anos, o dito imposto, ou contribuição, de determinado prédio para se considerar o mesmo adquirido por usucapião[29].

No entanto, sendo uma das principais obrigações dos proprietários de bens a de cumprir os deveres fiscais e tendo certa pessoa suportado as obrigações de natureza fiscal durante alargado lapso de tempo respeitantes a determinado prédio (contribuição autárquica, etc.), conduta que foi aceite pelo detentor do mesmo prédio, é um sinal inequívoco de que este não estava a agir como proprietário do prédio e que apenas existiu uma mera tolerância do verdadeiro dono na ocupação temporária desse seu bem[30].

Por outras palavras: a usucapião é uma forma originária de aquisição do direito de propriedade ou de outro direito real de gozo, baseada na posse, numa posse em nome próprio, de uma intenção de domínio e uma intenção que não deixe dúvidas sobre a sua autenticidade[31].

Acresce que a posse fundamento da usucapião tem de ser uma posse que recaia sobre a totalidade do bem, por apenas a posse com tal alcance ser susceptível de justificar a aquisição da propriedade do bem na sua integralidade.

Assim, não se exercendo o poder de facto sobre a totalidade de um prédio, não pode invocar-se a respectiva posse, ficando destituída de fundamento a pretensão da sua aquisição, através da usucapião, do direito de propriedade sobre a totalidade do mesmo[32].

Por outro lado, os actos materiais da posse carecem de ser, entre o mais, por natureza contínuos e por essência inequívocos, a fim de não comportarem dúvida razoável sobre o seu alcance e significado.

Não revestindo os actos materiais de posse as características de continuidade e inequivocidade, não se verificam os requisitos exigidos para a aquisição por usucapião[33].

---

[29] Ac da RC de 25.06.1996, in CJ, III, 32.
[30] AC da RL de 16-01-2007, acessível em http://www.dgsi.pt/jrl.
[31] V. Prof. Orlando de Carvalho, Introdução à Posse, Revista de Legislação e Jurisprudência, 122, pg. 67.
[32] Ac da RE de 06.04.2000, in BMJ, 496/320.
[33] Ac da RP de 13.04.1982, in CJ, II, 294.

Uma posse com tais características terá de verificar-se por exemplo na constituição de uma servidão de vistas por usucapião.

Com efeito, para se produzir a aquisição de uma servidão de vistas por usucapião exige-se uma posse traduzida no aproveitamento continuado de vistas sobre o prédio vizinho, através de meios manifestos, tais como obras realizadas pelo possuidor com janela aberta directamente sobre esse prédio.

Deste modo, o objecto do direito real de servidão de vistas, susceptível de ser adquirido por usucapião, é a existência de janela em condições de por ela se poder ver e devassar o prédio vizinho, independentemente da concretização dessa usufruição, consubstanciando-se o *"corpus"* da posse na existência daquela janela em infracção do disposto no artigo 1360.º/ /1, do Código Civil[34].

3.3 A mera *"detentio"*

A mera *"detentio"*, em qualquer das modalidades do art. 1253.º, não pode ser aproveitada para efeitos da usucapião, salvo, naturalmente, em caso de inversão (art. 1290.º)[35].

No dizer de Mota Pinto, «por disposições *"ad hoc"* a nossa lei concedeu a tutela possessória – os chamados meios de defesa da posse – a meros detentores ou possuidores precários. Por exemplo, ao locatário – art. 1037.º, n.º 2; ao parceiro pensador – art. 1125.º, n.º 2; ao comodatário – art. 1133.º, n.º 2; ao depositário – art. 1188.º, n.º 2. Embora estes não sejam autênticos possuidores, a lei, por norma avulsa, vem dizer que eles podem valer-se dos meios de defesa de posse que adiante especificaremos.

Não estão, porém, equiparados aos possuidores para todos os efeitos, nomeadamente para efeitos de usucapião. O locatário ou o comodatário, por exemplo, não podem adquirir por usucapião, salvo se houve inversão do título»[36]

Assim, tendo o proprietário de um terreno autorizado, por razões de amizade, que outrem nele construísse uma casa para aí viver e utilizasse o terreno circundante, a pessoa autorizada é mera detentora ou possuidora precária, pelo que para adquirir por usucapião, tem de inverter o título da posse, designadamente por oposição contra o proprietário, dando-lhe a

---

[34] Vd. Ac do STJ de 15.05.2008, acessível em http://www.dgsi.pt/jstj.
[35] Penha Gonçalves, Direitos Reais, 2.ª ed., 1993, pg. 292.
[36] In Direitos Reais, Coimbra, 1971, pg. 190.

conhecer, de modo inequívoco, a sua intenção de actuar como titular do direito.

Se tal oposição não for repelida pelo proprietário, inverter-se-á o título da posse e desse momento contará o prazo para a usucapião[37].

Do mesmo modo, verificando-se a precariedade do uso do bem, designadamente através da utilização da instalação de um pavilhão de madeira desmontável, destinado a serviço de restaurante, tal uso é incompatível com a actuação *"uti dominus"*, *pelo que* não é, por via de regra, socialmente conforme com a titularidade do direito[38].

4. A posse de bem corpóreo

A posse tem, em primeira linha, por objecto coisas corpóreas e singulares, não podendo, por isso, adquirir-se por usucapião direitos sobre universalidades de facto (um rebanho) ou universalidades de direito (uma herança).

4.1 As quotas sociais

Questão controversa é a de saber se as quotas sociais podem ser objecto de usucapião.

Em sentido afirmativo opina João Carlos Gralheiro que "parece que não podem resultar dúvidas sobre a admissibilidade legal da aquisição por usucapião de quotas sociais, pelo que os actos praticados pelos sócios, designadamente, participando em assembleias, votando, sendo eleitos, subscrevendo aumentos de capital social, etc., feitos de uma forma permanente, durante um certo lapso de tempo, à vista de toda a gente e sem oposição de ninguém, como se de uma coisa (ou direito) própria(o) se tratasse e na convicção de que não ofendiam direitos de terceiros, permitir-lhes-á a invocação da aquisição originária dos seus direitos de propriedade sobre as quotas, por usucapião"[39].

Em sentido diferente defendeu-se no Acórdão da Relação de Lisboa de 9.07.1991, que uma quota social é insusceptível de posse que, legalmente, possa conduzir à sua aquisição por usucapião. Isso porque:

---

[37] Ac da RE de 14.11.1996, in CJ, V, 263.
[38] Ac da RE de 06.04.2000, in BMJ 496/320.
[39] In ROA, ano 59, Dez. de 1999, pg. 1137.

"Ainda que face à terminologia legal (artigo 202.º a 205.º do Código Civil) uma quota social haja de qualificar-se como coisa móvel, ela não é coisa corpórea, nem o legislador como tal a considera. A quota social assume-se como um feixe de direitos e obrigações. Os direitos compreendidos pela quota e por ela facultados não são apenas de carácter patrimonial (direito à participação nos lucros anuais, direito de oneração ou cessão), mas de natureza corporativa (participar, pelo voto, na formação da vontade colectiva, ser eleito para cargos sociais, fiscalizar a acção da administração etc.

Os direitos reais a que se refere o artigo 1251.º do Código Civil são apenas os que incidem sobre coisas corpóreas. Para efeitos de usucapião só os direitos reais de gozo são de ter em consideração, não relevando, para tal efeito, os chamados direitos reais de garantia (artigo 1287.º do Código Civil). Não existe direito real à quota, pois que não é coisa corpórea. Face à lei que nos rege uma quota social é insusceptível de posse que, legalmente possa conduzir à sua aquisição"[40].

4.2 O direito ao arrendamento

Por idêntica razão e linha de raciocínio se defendeu no Acórdão do STJ de 15.06.2000, que o direito ao arrendamento não pode ser adquirido por usucapião, pois que embora seja possível a tutela possessória do estabelecimento comercial, já quanto à usucapião esta só poderá funcionar perante os elementos corpóreos do estabelecimento.

Consequentemente, neste tipo de argumentação, não poderia a usucapião abranger a relação de arrendamento quanto ao prédio onde o estabelecimento opera, visto o direito ao arrendamento ser um elemento incorpóreo[41].

Assinale-se, todavia, que esta posição não é pacífica, nem nos parece que seja dominante, sendo que não é aquela para a qual propendemos.

Abaixo voltaremos ao tema, melhor explanando o nosso ponto de vista (cf. 22.4)

---

[40] Acessível em http://www.dgsi.pt/jrl.
[41] Ac do STJ de 15.06.2000, In CJ, 2000, II, 115.

5. Características essenciais da posse

5.1 Posse pacífica e pública

A posse susceptível de conduzir à usucapião, tem de revestir sempre duas características essenciais, que são as de ser pública e pacífica (arts. 1293.º, al. a), 1297.º e 1300.º, n.º 1). As restantes características, que a posse eventualmente revista, como ser de boa ou de má fé, titulada ou não titulada e de estar ou não inscrita no registo, têm influência apenas no prazo necessário à usucapião.

A posse carece de ser pública, para ser cognoscível da generalidade das pessoas que a possam, ou queiram, disputar ou controverter. Na posse tomada ocultamente não se pode fundar a usucapião, por o possuidor ter procedido de forma a que a posse não fosse conhecida dos eventuais interessados.

A posse carece de ser pacífica[42], por a posse violenta, conseguida através de coacção física[43] ou de coacção moral[44], não poder merecer a tutela do direito. E tanto utiliza a coacção, física ou moral, aquele que pessoalmente a exerce como aqueloutro que se aproveita da desencadeada por terceiro, conquanto conhecedor do apossar violento deste.

5.2 Posse violenta ou oculta

Quanto aos imóveis

Se a posse tiver sido constituída com violência ou tomada ocultamente, os prazos da usucapião só começam a contar-se desde que cesse a violência ou a posse se torne pública (art. 1297.º).

Determinar o momento em que cessa a violência é fundamental para determinar o início do prazo para a usucapião, sendo que este não tem de coincidir com o findar dos actos de violência física ou de intimidação moral praticados pelo detentor do bem, mas antes com o cessar do efeito compulsivamente exercido sobre a vontade do possuidor lesado.

---

[42] Ou *"mansa"*, como também se diz no Brasil.
[43] A violência é relevante, quer quando exercida sobre pessoas, quer quando ocorra contra coisas.
[44] O que caracteriza a coacção moral é o receio do coagido de que lhe poderá acontecer um mal se não proceder de determinada forma que, todavia, não deseja.

No que respeita à publicidade da posse considera-se a mesma verificada desde que não seja tomada ocultamente, mas se o for deixará de estar viciada desde que se torne pública, mesmo que desconhecida do esbulhado[45].

Quanto aos móveis:

Aplicam-se as mesmas regras dos imóveis.

No entanto, se a coisa possuída passar a terceiro de boa fé antes da cessação da violência ou da publicidade da posse, pode o interessado adquirir direitos sobre ela passados quatro anos desde a constituição da sua posse, se esta for titulada, ou sete, na falta de título (art. 1300.º/2).

Note-se, quanto ao terceiro adquirente de boa fé, o que dispõe o artigo 291.º do CC:

1. A declaração de nulidade ou a anulação do negócio jurídico que respeita a bens imóveis, ou a móveis sujeitos a registo, não prejudica os direitos adquiridos sobre os mesmos bens, a título oneroso, por terceiro de boa fé, se o registo da aquisição for anterior ao registo da acção de nulidade ou anulação ou ao registo do acordo entre as partes acerca da invalidade do negócio.
2. Os direitos de terceiro não são, todavia, reconhecidos, se a acção for proposta e registada dentro dos três anos posteriores à conclusão do negócio.
3. É considerado de boa fé o terceiro adquirente que no momento da aquisição desconhecia, sem culpa, o vício do negócio nulo ou anulável.

Assim, quanto à protecção de terceiros de boa fé relativamente a bens móveis, diz França Pitão, sobre um hipotético furto de um relógio, feito por B a A com posterior venda a C:

"B furtou o relógio a A. A está ausente e não tem conhecimento do furto e a posse de B continua oculta. B, possuidor não titulado, de má fé, não pode começar a contar o prazo para efeitos de usucapião enquanto a posse se não tornar pública (art. 1297.º, *ex vi* art. 1300.º).

Em relação a B, A pode reivindicar sempre a coisa desde que esta se mantenha sempre nas mãos de B. Mas, no momento em que

---

[45] Pires de Lima e Antunes Varela, in Código Civil Anotado, III, pg. 78-79.

A reivindica a coisa, esta passa de oculta a pública e B precisará de 6 anos para usucapir (arts. 1297.º e 1299.º, *ex vi* n.º 1 do art. 1300.º).

No entanto, se B vender a coisa a C, este já pode adquirir o direito por usucapião dentro de certos prazos (4 anos se a posse for titulada e 7 anos no caso contrário – art. 1300.º, n.º 2).

Quando a coisa passa para as mãos de C tudo se modifica. C adquiriu o relógio em 1998 e tem posse titulada. Necessita, por isso, de três anos para adquirir o direito por usucapião (art. 1299.º). Mas se A só toma conhecimento do furto quando a coisa já está nas mãos de C, ele precisará de quatro ou sete anos para usucapir (conforme a posse seja ou não titulada – art. 1300.º, n.º 2). O que quer dizer que, no primeiro caso, C adquire o direito por usucapião em 2002 (1998 + 4) e no segundo, em 2005 (1998 + 7).

Depois destas datas, A já não pode reclamar o seu direito – protege-se a boa fé de terceiro".

E quanto a imóveis ou móveis sujeitos a registo e exemplificando com a hipótese de A fazer uma doação por escrito em 1990 a B, que por sua vez vende a C em 1993 por escritura pública, fazendo registo, escreve o mesmo autor:

"Quando é que C adquire o imóvel por usucapião?

B adquire uma posse não titulada, presumida de má fé. Em 1993, B transmite a posse a C, que é um possuidor titulado, presumido de boa fé. Deste modo, C tem já, dois anos de posse de boa fé e só necessitará de possuir durante mais oito anos para adquirir o direito de propriedade por usucapião – assim, adquirirá em 2001.

Porém, tudo isto se altera por causa da protecção dada a terceiros de boa fé. A, para reivindicar o prédio, tem de invocar a nulidade do negócio jurídico. Mas como a declaração de nulidade do negócio respeitante ao imóvel não prejudica os direitos adquiridos sobre os mesmos bens por terceiros de boa fé, desde que a alienação seja onerosa e o registo de aquisição seja anterior ao registo da acção de nulidade ou ao registo de acordo entre as partes acerca da invalidade do negócio (art. 291.º, n.º 1), o direito de C fica intocável. A não pode prejudicar C – protege-se o terceiro de boa fé. (...)

O n.º 2 do art. 291.º impõe ainda uma importante ressalva: se a acção de nulidade for proposta e registada dentro dos três anos posteriores à conclusão do negócio, os direitos de terceiro não são reconhecidos. No nosso caso, se A propuser a acção de nulidade até 1993, os direitos de C não prevalecem.

Em todos os casos não abrangidos pelo n.º 2 deste artigo prevalecem os direitos do que registar primeiro".

E ainda em relação a bens móveis e imóveis no caso de simulação, apresentando o exemplo de A fazer uma venda simulada a B e este uma doação a C:

"C é um terceiro de boa fé, porque ignorava a simulação ao tempo em que adquiriu a coisa (art. 243.º, n.º 2). A, enquanto C não adquirisse por usucapião, poderia reivindicar a coisa em qualquer momento – bastar-lhe-ia provar a simulação. Mas como C é um terceiro de boa fé, face ao n.º 1 do art. 243.º, A não pode reivindicar a coisa de C. Logo que C adquiriu o direito, está protegido em relação a A.

Se se trata de uma simulação relativa, se por de trás da venda está, verdadeiramente, uma doação, por exemplo, então o direito de propriedade passa de A para B e aquele não pode reivindicar. Prevalece o negócio dissimulado"[46].

Note-se que, nos termos do artigo 243.º, *"1. A nulidade proveniente da simulação não pode ser arguida pelo simulador contra terceiro de boa fé. 2. A boa fé consiste na ignorância da simulação ao tempo em que foram constituídos os respectivos direitos. 3. Considera-se sempre de má fé o terceiro que adquiriu o direito posteriormente ao registo da acção de simulação, quando a este haja lugar"*.

6. Dos bens não usucapíveis

6.1 Bens excluídos pelo código civil

Por «disposição em contrário», ressalvadas pelo artigo 1287.º, não são usucapíveis as servidões prediais não aparentes (art. 1548.º/1), nem os direitos de uso e habitação (art. 1293.º). Mas outros se podem considerar.

---

[46] In Posse e Usucapião, pg. 250-252.

A justificação da exclusão das servidões não aparentes[47] parece residir no seu carácter não revelado, enquanto o motivo da exclusão dos direitos de uso e habitação parece meramente pragmático, pela dificuldade de distinguir o *"corpus"* de tal direito do *"corpus"* do usufruto.

Na verdade, assinala Penha Gonçalves, «a *ratio legis* dos referidos preceitos assenta, no que toca às servidões não aparentes, no carácter clandestino ou pelo menos equívoco dos actos em que se consubstancia o seu exercício, o que as torna facilmente confundíveis com situações por via de regra constituídas à base de mera tolerância ou no âmbito de relações de vizinhança. Motivações semelhantes, atinentes à equivocidade da posse, aliadas à natureza personalíssima dos direitos de uso e de habitação terão também pesado no espírito do legislador para excluir a possibilidade de sua aquisição por usucapião»[48].

Para P. Lima e A. Varela a razão da não admissão da usucapião nas servidões não aparentes está no entendimento de que se torna, as mais das vezes, difícil distinguir entre as servidões não aparentes e os actos de mera tolerância, consentidos *"jure familiaritatis"*, que não reflectem uma relação possessória capaz de conduzir à usucapião.

Admitir a usucapião como título aquisitivo deste tipo de servidões, não obstante a equivocidade congénita dos actos reveladores do seu exercício, teria o grave inconveniente de dificultar, em vez de estimular, as boas relações de vizinhança, pelo fundado receio que assaltaria as pessoas de verem convertidas em situações jurídicas de carácter irremovível situações de facto, assentes sobre actos de mera condescendência ou obsequiosidade.

Preferível julgou a lei cortar o mal pela raiz, presumindo-se *"juris et de jure"* o título precário e mantendo a eliminação indiscriminada da usucapião como título aquisitivo das servidões não aparentes, a fim de facilitar as relações de boa vizinhança entre os donos de prédios contíguos ou próximos. No mesmo sentido milita ainda a circunstância de, não havendo sinais visíveis e permanentes reveladores da servidão, sendo esta porventura exercida só clandestinamente, a atitude passiva do proprietário poder ser apenas devida a ignorância da prática dos actos constitutivos da servidão.

---

[47] Servidão *não aparente* é aquela que não é manifestada por sinais visíveis e permanentes. Ao contrário da servidão aparente que é a que se revela por obras ou sinais exteriores visíveis e que sejam também permanentes.

[48] Ob. cit., pg. 293.

Assim para que uma servidão possa ser adquirida por usucapião torna-se necessário a existência de sinais visíveis e permanentes que sejam reveladores do seu exercício, ainda que se não exija a continuação no tempo dos mesmos sinais e das mesmas obras[49].

Ou seja, a servidão para poder ser adquirida por usucapião terá de ser uma servidão aparente: manifestada por sinais exteriores, visíveis e permanentes[50].

Mas as características da visibilidade e da permanência dos sinais exteriores, enquanto requisitos da aquisição por usucapião de uma determinada servidão, não são exigíveis para todos os elementos materiais em que se componha tal encargo, bastando que da visibilidade e da permanência de algum ou de alguns deles, decorra, de modo inequívoco, a existência da servidão[51].

Contudo, os sinais visíveis, enquanto requisito das servidões aparentes carecem de possuir tal característica em relação a toda e qualquer pessoa, não sendo bastante que sejam conhecidos apenas do dono do prédio serviente[52].

Assim, não pode deixar de ser havida como aparente a servidão de aqueduto em que este último, conquanto subterrâneo, se revela por sinais visíveis e permanentes, quer no prédio em que a servidão se achar constituída, quer no ponto em que há presa ou derivação de água, quer durante o curso, quer no seu termo. Por isso, a servidão legal de aqueduto pode ser constituída por usucapião[53].

Note-se que aquele que invocar a usucapião com vista à constituição da servidão aparente, incumbe efectuar a prova, pelo menos em termos de mera probabilidade ou de verosimilhança, do carácter permanente dos respectivos sinais – exteriores, visíveis e permanentes[54].

A servidão *"non aedificandi"*, porque não aparente, não se pode constituir por usucapião[55].

No tocante aos direitos de uso e habitação, referem P. de Lima e A. Varela que a admissibilidade da usucapião oferece uma dificuldade séria,

---

[49] Ob. cit. pg. 629-630.
[50] Vd. A. Menezes Cordeiro, ob. cit. pg. 728.
[51] Ac da RC de 13.04.1999, in BMJ, 486/371.
[52] Ac da RP de 09.03.2000, in BMJ, 495/364.
[53] Ac da RP de 10.04.2008, acessível em http://www.dgsi.pt/jrp.
[54] Ac da RL de 18.06.1998, in BMJ, 478/448.
[55] Ac da RL de 05.11.1992, in CJ, V, 114.

que é a tipicidade do uso e habitação, e a sua confusão, quanto ao *"corpus"*, não só com a figura da propriedade, mas também com a do usufruto.

A simples utilização da coisa para a satisfação das necessidades pessoais do utente e da sua família é, na generalidade dos casos, juridicamente incaracterística, como pode ser incaracterístico o próprio *"animus"*, dada não só a atipicidade dos dois direitos, como a desnecessidade, para a existência do *"corpus"*, de que o titular exerça todos os actos materiais qualificativos do direito.

Pode, pois, considerar-se cautelosa a solução adoptada, embora ela possa conduzir, num ou noutro caso, à concessão de um direito (usufruto) superior ao efectivamente possuído, ou à negação de um direito que foi exercido em condições bastantes para a sua aquisição por usucapião[56].

Como já vimos, a fachada de um edifício, bem como as demais partes comuns, que são aludidas no artigo 1421.º do CCivil, constituem coisas que em princípio (com a possibilidade da ressalva das que constam do n.º 2 do aludido preceito) se encontram funcionalmente adstritas às várias fracções autónomas do prédio, pelo que não podem ser usucapidas pelos titulares daquelas[57].

6.2 Outros bens excluídos da usucapião

Igualmente se viu que também não é permitida a aquisição por usucapião de parcela de terreno de um prédio rústico ilicitamente loteado, por isso contrariar disposições legais imperativas. Com efeito, nos termos do art. 54.º da Lei n.º 91/95, de 2/9, são nulos os negócios jurídicos de que resultem ou possam vir a resultar a constituição da compropriedade ou a ampliação do número de compartes de prédios rústicos, quando tais actos visem ou deles resulte o parcelamento físico em violação ao regime legal dos loteamentos urbanos.

Daí que tratando-se de uma parcela de terreno inserida num loteamento clandestino, no qual se encontrem edificadas construções ilegais, o reconhecimento da autonomia jurídica de dita parcela, mediante recurso à figura da usucapião, redundaria na violação de normas imperativas,

---

[56] Ob. cit. pg. 73-74.
[57] Ac da RL de 15.03.2007, acessível em http://www.dgsi.pt/jrl.

designadamente daquelas que visam a recuperação urbanística de áreas degradadas[58].

Também não são usucapíveis, por natureza, as "coisas públicas" ou do "domínio público", enquanto conjunto de bens de que o Estado usufrui para os seus fins, usando dos poderes de autoridade (*jus imperium*), através do direito público. Com efeito, não podendo as coisas do domínio público ser susceptíveis de posse privada, necessariamente que não podem ser adquiridas por usucapião (art. 202.º/2)[59].

O domínio público é formado pelo conjunto de bens destinados ao uso da comunidade, cujo regime é regulado pelo direito público, dele só podendo ser titulares pessoas colectivas públicas e cujo aproveitamento e defesa directa decorre, respectivamente, de forma a corresponder a interesses públicos.

O elenco dos bens de domínio público consta da lei, mas a Constituição da República, o DL n.º 477/80, de 15 de Outubro e Lei n.º 54//2005, de 15 de Novembro (domínio público hídrico) que a ele se reportam, fazem-no de forma não taxativa[60].

---

[58] Ac da RL de 30.04.2002, in CJ, II, 126.
Porém, em sentido contrário veja-se Ac da RE de 26.10.2000 (in CJ, IV, 272), segundo o qual "são usucapíveis as parcelas com área inferior à unidade de cultura, resultantes de divisão, efectuada por partilha verbal, de um prédio rústico apto para fins agrícolas".
[59] Vd. Ac do STJ de 19.02.1998, in CJ, I, 96.
[60] Nos termos do art. 4.º do DL 477/80, integram o domínio público do Estado: a) As águas territoriais com os seus leitos, as águas marítimas interiores com os seus leitos e margens e a plataforma continental; b) Os lagos, lagoas e cursos de água navegáveis ou flutuáveis com os respectivos leitos e margens e, bem assim, os que por lei forem reconhecidos como aproveitáveis para produção de energia eléctrica ou para irrigação; c) Os outros bens do domínio público hídrico referidos no Decreto n.º 5787--4I, de 10 de Maio de 1919, e no Decreto-Lei n.º 468/71, de 5 de Novembro; d) As valas abertas pelo Estado e as barragens de utilidade pública; e) Os portos artificiais e docas, os aeroportos e aeródromos de interesse público; f) As camadas aéreas superiores aos terrenos e às águas do domínio público, bem como as situadas sobre qualquer imóvel do domínio privado para além dos limites fixados na lei em benefício do proprietário do solo; g) Os jazigos minerais e petrolíferos, as nascentes de águas mineromedicinais, os recursos geotérmicos e outras riquezas naturais existentes no subsolo, com exclusão das rochas e terras comuns e dos materiais vulgarmente empregados nas construções; h) As linhas férreas de interesse público, as auto-estradas e as estradas nacionais com os seus acessórios, obras de arte, etc.; i) As obras e instalações militares, bem como as zonas territoriais reservadas para a defesa militar; j) Os navios da armada, as aeronaves militares e os carros de combate, bem como outro equipamento

Exemplo de bens tipificados na lei são: as linhas férreas de interesse público (os vulgarmente designados "Caminhos de Ferro"), que são do domínio público, estando sujeito, ao regime deste, o material fixo e circulante, edifícios e outras dependências ou imóveis e utensílios necessários ao serviço. Estes bens são insusceptíveis de posse civil por particulares, pelo que não é susceptível de ser adquirida por usucapião uma servidão de passagem por uma passagem de nível[61].

Mas são também públicos os terrenos que estão no uso, directo e imediato, do público em geral, para satisfação de relevantes fins de utilidade pública, desde tempo imemorial, ou seja, desde um lapso de tempo tão antigo que já não está na memória directa, ou indirecta – por tradição oral dos seus antecessores – dos homens, que, por isso, não podem situar a sua origem[62].

É de salientar que pode verificar-se o ingresso de bens privados no domínio público através de usucapião se tiver havido uma convergência de actos administrativos que revelem a intenção de destinar os bens ao uso público. Designadamente o Estado e as pessoas colectivas de direito público podem adquirir bens particulares através da usucapião[63].

Quer dizer: sobre as coisas do domínio privado das pessoas e entidades privadas podem as Pessoas Colectivas Públicas exercer posse e beneficiar da usucapião, quer as destinem ao domínio privado dessas Pessoas quer as destinem ao domínio público, como também sobre as coisas do domínio privado dessas mesmas Pessoas Colectivas podem os particulares exercer posse e beneficiar da usucapião.

Porém, sendo susceptíveis de usucapião as coisas que se encontrem na "titularidade privada" do Estado (art. 1304.º), o prazo será acrescido de 50% na sua duração[64].

---

militar de natureza e durabilidade equivalentes; l) As linhas telegráficas e telefónicas, os cabos submarinos e as obras, canalizações e redes de distribuição pública de energia eléctrica; m) Os palácios, monumentos, museus, bibliotecas, arquivos e teatros nacionais, bem como os palácios escolhidos pelo Chefe do Estado para a Secretaria da Presidência e para a sua residência e das pessoas da sua família; n) Os direitos públicos sobre imóveis privados classificados ou de uso e fruição sobre quaisquer bens privados; o) As servidões administrativas e as restrições de utilidade pública ao direito de propriedade; p) quaisquer outros bens do Estado sujeitos por lei ao regime do domínio público.

[61] Ac da RE de 27.11.1986, CJ, V, 292.
[62] Vd. Ac do STJ de 08.05.2007, acessível em http://www.dgsi.pt/jstj.
[63] A. Pereira da Costa, Servidões, 1991, pg. 38.
[64] Vd. art. 1.º da Lei n.º 54, de 16.07.1913.

Assim, uma Junta de Freguesia pode adquirir por usucapião o domínio público sobre determinado terreno privado, ainda que limitado ao uso contínuo que sobre ele exerceu[65].

Insusceptíveis de usucapião são os terrenos sobre os quais se mostram erguidos os jazigos em cemitério municipal. Com efeito, não obstante seja consentida a concessão de terrenos em cemitério municipal para jazigos e sepulturas perpétuas (art. 51.º do Cód. Administrativo) tal concessão é afectada ao exclusivo proveito imediato do concessionário, sem, todavia, perder a sua natureza de coisa "fora do comércio".

Estão em causa bens do domínio público, por pertença da autarquia local e destinados ao uso público, pelo que a sua fruição em privado, ainda que perpetuamente, configura um direito real administrativo, insusceptível de entrar no direito privado, de forma a constituir objecto de um direito de propriedade de que o concessionário seria titular[66].

Em nosso entender a usucapião é um meio alternativo de constituição do direito de propriedade ou de outro direito real de gozo através da posse, no pressuposto de que essa aquisição, em abstracto, também poderia ter lugar através de outro meio legal de aquisição, designadamente o negócio jurídico ou contrato.

Não pode a usucapião ser vista, em qualquer circunstância, como um processo singular de aquisição de direitos que, de outra forma, não poderiam ser adquiridos em face do direito constituído.

A usucapião não pode, assim, funcionar como uma válvula de escape para se adquirir o bem que de outro modo nunca seria susceptível de aquisição.

Deste modo, não só os bens expressamente excluídos por lei da usucapião não podem ser usucapidos, como também não podem ser objecto da usucapião aqueloutros que, por natureza ou por disposição da lei, estão excluídos do comércio jurídico.

Assim se um prédio urbano ou um prédio rústico em termos legais não podem ser objecto de qualquer fraccionamento, não pode o mesmo operar-se mediante a invocação da usucapião, ainda que no plano da realidade empírica ele se verifique. Esse benefício ao infractor não podia estar na mente do legislador, sob pena de perversidade do sistema.

---

[65] Ac do STJ de 21.06.1994, in CJ, II, 150.

[66] Ac da RL de 18.02.1993, in CJ, 1993, I, 142. Note-se que o acórdão não se mostra correctamente sumariado, pois que o que está em causa não é a propriedade do jazigo enquanto construção material, mas sim o terreno sobre que se mostra construído.

A posse de uma divisão de uma fracção urbana ou de uma pequena parcela de terreno destacada de um prédio rústico não podem representar posse boa para a usucapião se representarem uma violação das normas legais sobre a constituição da propriedade horizontal ou sobre loteamentos, destaques ou fraccionamentos de prédios rústicos.

Ou seja, aquilo que a lei não faculta a quem cumpre as regras não o pode permitir àquele que as infringe.

E nesta matéria pensa-se que não se pode invocar que a não se admitir a usucapião se poderá, numa situação concreta, manter-se uma situação de posse por tempo ilimitado sem que o possuidor possa ver reconhecido o seu direito de propriedade sobre o bem, com prejuízo até do interesse público da certeza da existência do direito. É que tal podendo ser verdade, será, todavia, o que terá de verificar-se em todas as situações em que a lei, até de modo expresso, afasta a possibilidade da usucapião, ainda que na realidade das coisas possa acontecer posse prolongada, aparentemente apta para aquisição do direito.

A posse boa para usucapir não poderá, por regra, ser diferente da posse boa para negociar (ou invocar facto ou negócio jurídico) quanto à essência do bem sobre que recai, bem não excluído do comércio jurídico, ainda que no caso concreto apenas seja capaz de satisfazer uma das alternativas.

Assim, não se poderá alegar a posse de longos anos de um prédio rústico loteado clandestinamente para, com fundamento na mesma, se invocar a usucapião do loteamento com vista à sua legalização, sem cumprimento das normas legais para os loteamentos.

Como não se pode invocar posse com a mesma longevidade de uma parcela de uma fracção urbana (v. g. um quarto *independente*) para se invocar a aquisição da sua propriedade com fundamento na usucapião.

A posse e o tempo justificam a constituição de direitos que estejam no âmbito dos bens inclusos no comércio jurídico e não daqueloutros que fora se inscrevam.

6.3 O caso específico dos direitos de autor

Não são usucapíveis por disposição da lei os direitos de autor (art. 55.º do Código do Direito de Autor)[67]. O que bem se compreende atendendo aos direitos de ordem moral que lhe são imanentes.

---

[67] Aprovado pelo Decreto-Lei n.º 63/85, de 14 de Março, e alterado pelas Leis n.ºs 45/85, de 17 de Setembro, e 114/91, de 3 de Setembro, e Decretos-Lei n.ºs 332/

Na verdade, o autor goza, durante toda a vida, do direito de reivindicar a paternidade da obra e de assegurar a genuidade e integridade desta, opondo-se à sua destruição, a toda e qualquer mutilação, deformação ou outra modificação da mesma e, de um modo geral, a todo e qualquer acto que a desvirtue e possa afectar a honra e reputação do autor. E este direito é inalienável, irrenunciável e imprescritível, perpetuando-se, após a morte do autor, através dos seus sucessores enquanto a obra não cair no domínio público (art.s 56.º e 57.º).

6.4 O caso específico dos Baldios

Igualmente não são usucapíveis, por disposição da lei, os baldios, posto que o Decreto-Lei n.º 39/76, de 19/01[68], os veio afastar expressamente da usucapião, ainda que seja de entender que naquelas situações em que já havia decorrido o tempo necessário para a usucapião esta ainda seja de admitir.

O art. 4.º/1 da actual Lei dos Baldios (Lei 68/93, de 4/9, alterada pela Lei 89/97, de 30/7) mantém o afastamento dos baldios da usucapião, ao estabelecer que os actos ou negócios jurídicos de apropriação ou apossamento, tendo por objecto terrenos baldios, bem como a sua posterior transmissão, são nulos, nos termos gerais de direito, excepto nos casos expressamente previstos na presente lei.

Os baldios são, por via do estatuído na lei, terrenos possuídos e geridos por comunidades locais, constituídas pelo universo dos compartes ou moradores de uma ou mais freguesias ou parte delas, que têm direito ao uso e fruição segundo os usos e costumes e constituem, em regra, logradouro comum, designadamente para efeitos de apascentação de gados, de recolha de lenhas ou de matos, de culturas e outras fruições, nomeadamente de natureza agrícola, silvícola, silvo-pastoril ou apícola.

Os terrenos baldios não são terrenos de alguém em singular: nem pertencem ao domínio público, nem ao domínio privado do Estado ou das

---

/97 e 334/97, ambos de 27 de Novembro, pela Lei n.º 50/2004, de 24 de Agosto e pela Lei n.º 24/2006 de 30 de Junho.

[68] Antes do Decreto-Lei citado os baldios eram considerados usucapíveis, por disposição expressa do § único do art. 388.º do Código Administrativo, aprovado pela Lei 31.095, de 30.12.1940, que dispunha "os terrenos baldios são prescritíveis".

Autarquias Locais[69], sendo antes propriedade comunal dos moradores de determinada freguesia ou freguesias ou parte delas, que exerçam a sua actividade no local[70]

Os baldios não fazendo parte do domínio privado das Autarquias Locais, nem do domínio público do Estado, integrando-se antes no sector comunitário, são pertença da própria comunidade, enquanto colectividade de pessoas, que é titular da propriedade (há quem prefira dizer posse útil[71]) dos mesmos, não podendo, assim pertencer a uma Junta de Freguesia ou uma Câmara Municipal[72].

Sendo assim tais terrenos estão fora do comércio jurídico, caracterizando-se como inalienáveis e insusceptíveis de apropriação privada por qualquer título, incluída a usucapião.

7. Da relevância do tempo na usucapião

7.1 A medida do tempo

O lapso de tempo necessário à usucapião é variável conforme a natureza móvel ou imóvel dos bens sobre que a posse incida e conforme os caracteres que esta revista.

O tempo necessário é mais curto ou mais longo conforme exista boa ou má fé e conforme os restantes caracteres permitam inferir uma maior

---

[69] Em sentido contrário, o Prof. Rogério Soares considerava os baldios como bens do património das autarquias sujeitos à afectação especial de suportar certas utilizações tradicionais pelos habitantes de uma dada circunscrição ou parte dela (in R.D.E.S, ano XIV, pg. 259 e ss, designadamente a pg. 308).

[70] De harmonia com o Parecer da Procuradoria-Geral da República, de 22 de Outubro de 1987, no Boletim 378, pg. 27, os baldios constituem propriedade comunal dos moradores de determinada freguesia ou freguesias, ou de parte delas, que exerçam a sua actividade no local.

Também assim foi considerado pelo Tribunal Constitucional – acórdãos 325/89, de 4 de Abril, (no Boletim 386, pg. 129) e 240/91, de 11 de Junho, (no Boletim 408, pg. 48), pelo S.T.A. – acórdão de 3 de Maio de 1988 e pelo S.T.J., acórdão de 12 de Janeiro de 1993 (proferido no Processo 81021).

[71] Vd. Ac do STJ de 14.11.1994, Relator Conselheiro César Marques.

[72] Vd. Ac do STJ de 20.01.99, CJ., I, 53; Ac STJ de 20.06.2000, CJ., II, 120; Ac STJ de 16.06.1992, BMJ 418/760; Ac STJ de 25.10.2005, Relator Conselheiro Azevedo Ramos.

ou menor probabilidade da existência do direito na titularidade do possuidor e uma maior ou menor publicidade da relação de facto.

Assim, tratando-se de imóveis, o prazo de usucapião é menor se o possuidor estiver de boa fé e se houver registo, quer do título, quer da mera posse (arts. 1294.º a 1296.º); tratando-se de móveis sujeitos a registo, aquele prazo é mais curto se houver boa fé do possuidor e título de aquisição registado (art. 1298.º); tratando-se, finalmente, de outras coisas móveis, o prazo da usucapião é mais breve no caso de haver boa fé e título de aquisição (art. 1299.º).

O prazo da usucapião varia ainda conforme a posse incida sobre coisas móveis ou imóveis: é mais curto em relação às primeiras por se entender que, tratando-se de bens negociados amiúde e cuja exacta situação jurídica é, em regra, mais difícil de averiguar do que a dos imóveis, deve ser decidido em prazo não muito dilatado o conflito entre o titular do direito e aquele que exerce um poder de facto sobre a coisa como se, em relação a ela, dispusesse de um direito real definitivo[73].

Note-se que o Código Civil não fixou regras próprias no que concerne à contagem do tempo em matéria de usucapião, para o efeito mandando aplicar as normas que regem problema homólogo na prescrição. Designadamente dispondo, no art. 1292.º, serem também aplicáveis à usucapião os institutos da suspensão e interrupção da prescrição.

Além disso, outros aspectos do regime da prescrição, referentes ou não ao respectivo prazo, também devem ser havidos como aplicáveis à usucapião.

Deste modo, parece ser bom entendimento o de que a lei subtrai à disponibilidade das partes a alteração dos prazos legais de usucapião, bem assim a estipulação de regras que facilitem ou dificultem o condicionalismo em que os seus efeitos se manifestem. Dentro deste aconselhável entendimento, os negócios celebrados contra tais proibições serão nulos, por força do estipulado no art. 300.º, aplicável por via da referida remissão genérica.

No entanto, no concernente ao prazo e ao seu apuramento, existem aspectos particulares da usucapião, que importa tomar na devida consideração.

Assim, a posse boa para usucapião não tem, necessariamente, de estar constituída na pessoa que a vai invocar, pois que esta pode valer-

---

[73] Vd. M. Henrique Mesquita, in Direitos Reais, pg. 97 e ss. e L. A. Carvalho Fernandes, in Lições de Direitos Reais, 4.ª ed., pg. 232 e ss.

-se de uma posse em que tenha sucedido, bem como juntar à sua uma posse anterior – sucessão e/ou acessão na posse.

Noutra perspectiva, a posse boa para usucapião deve, por regra, manter-se durante todo o decurso do prazo relevante para o efeito. Regra que não será prejudicada pelo facto de o possuidor ter sido perturbado ou esbulhado, como decorre do art. 1283.º do CC.[74].

7.2 Concretizando os prazos

a) Para as coisas imóveis:

- De **10 anos**, quando haja título registado e a posse seja de boa fé [artigo 1294.º, alínea *a*)];
- De **15 anos**, quando haja título registado e a posse seja de má fé [artigo 1294.º, alínea *b*)];
- De **5 anos**, quando haja registo da mera posse e esta seja de boa fé [artigo 1295.º, n.º 1, alínea *a*)];
- De **10 anos**, quando haja registo da mera posse e esta seja de má fé [artigo 1295.º, n.º 1, alínea *b*)];
- De **15 anos**, quando não haja registo de título nem de posse e esta seja de boa fé (artigo 1296.º);
- De **20 anos**, quando não haja registo de título nem de posse e esta seja de má fé (artigo 1296.º).

O Código não se refere à hipótese de faltar de todo o título. Para esta hipótese, salienta A. Menezes Cordeiro que lhe parecem ser de aplicar estes dois últimos prazos, consoante haja ou não boa fé, não só por ser uma solução que se enquadra na letra da lei – quando não há título, não há, evidentemente, registo de título –, mas também por analogia com o artigo 1298.º, alínea *b*), que equipara, em matéria de móveis sujeitos a registo, a falta de registo do título à falta do próprio título[75].

No mesmo sentido se tem pronunciado a jurisprudência[76].

---

[74] L. A. Carvalho Fernandes, ob. cit. pg. 235.
[75] Ob. cit. pg.473.
[76] Ac da RP de 19.01.1989, in CJ, I, 184.

b) Para as coisas móveis sujeitas a registo

- De **2 anos**, quando haja título registado e a posse seja de boa fé [artigo 1298.º, alínea *a*)];
- De **4 anos**, quando haja título registado e a posse seja de má fé [artigo 1298.º, alínea *a*)];
- De **10 anos**, quando não haja título registado, independentemente da boa ou má fé e da existência de título [artigo 1298.º, alínea *b*)].

c) Para as coisas móveis não sujeitas a registo:

- De **3 anos**, quando a posse seja titulada e de boa fé (artigo 1299.º);
- De **6 anos**, quando falte título ou boa fé, ou ambos (artigo 1299.º).

E, havendo, ainda, os prazos especiais da aquisição por usucapião, ao abrigo do artigo 1300.º/2, por um possuidor (*accipiens*), de boa-fé, de uma coisa móvel, face a uma posse sob violência ou oculta, caso em que tal possuidor adquire o direito, passados quatro anos desde a constituição da sua posse, se esta é titulada, ou sete, na falta de título.

Não prevê a lei, para os móveis, a eficácia do registo da mera posse, como prevê para os imóveis (artigo 1295.º), mas parece dever ser de admiti-la por aplicação analógica. E, nessa linha, equivalentemente à ponderação dos imóveis, bastaria que por decisão registral se reconhecesse uma posse pacífica e pública por tempo não inferior a dois anos e meio. E se houver registo, bastando, a contar deste, um ano de posse se o possuidor está de boa fé, ou três anos e dois meses, se estiver de má fé[77].

8. Do cômputo do prazo

8.1 Suspensão e interrupção

Em matéria de usucapião, não fixou o legislador regras próprias para a contagem do tempo, mandando aplicar as normas que regulam problema homólogo na prescrição, ao dizer, no art. 1292.º, que são aplicáveis à

---

[77] Vd. Durval Ferreira, ob. cit. pg. 457.

usucapião as disposições relativas à suspensão (art. 318.º e ss.) e interrupção da prescrição (art. 323.º e ss), com as necessárias adaptações.

Como regra geral terá de tomar-se a de que a contagem do prazo se inicia a partir do momento da constituição de posse boa para usucapião.

Assim, se, por escritura pública de partilha de uma herança, foi adjudicada metade de um prédio indiviso a cada um de dois dos herdeiros, que já se encontravam, cada um, na posse de parte determinada do prédio desde que fora celebrado o contrato-promessa correspondente, exercendo sobre ela em exclusivo os poderes próprios do direito de propriedade singular, é desde essa data que se conta o prazo necessário à aquisição, por usucapião, desse direito[78].

Por aplicação do regime da prescrição, a contagem do prazo para efeitos da usucapião pode suspender-se e pode interromper-se.

Como se sabe, a suspensão supõe que existe uma causa que obsta ao curso do prazo e tem por efeito suster a contagem desse prazo, enquanto se verificar.

Havendo suspensão do prazo por verificação de uma qualquer causa, o prazo não corre enquanto ela não cessar, mas cessada a causa de suspensão, o prazo volta a correr, somando-se ao tempo ulterior o que decorrera antes da suspensão.

Assim, se no decurso de um prazo de vinte anos se verificar uma suspensão de três anos, por qualquer das causas previstas na lei, será necessário prolongar o prazo por um total de vinte e três anos para que haja usucapião.

Por seu lado, a interrupção supõe que existe uma causa que não só obsta ao curso do prazo, mas que até tem por efeito inutilizar de pretérito a contagem desse prazo. Havendo interrupção do prazo por verificação de uma qualquer causa, fica sem efeito todo o tempo decorrido até a sua verificação, obrigando a que a contagem do prazo se faça de novo (art.s 323.º a 327.º).

Deste modo, se no decorrer de um prazo de vinte anos se verificar a sua interrupção, a contagem daquele prazo de vinte anos terá de iniciar-se novamente e a partir da cessação da ocorrência a que a lei associou os efeitos interruptivos.

---

[78] Ac do STJ de 29.01.2008, acessível em http://www.dgsi.pt/jstj.

8.2 A suspensão da usucapião

No tocante à suspensão, a usucapião não começa nem corre, tal como a prescrição, nos casos previstos no art. 318.º, exceptuados os das alíneas *d*) e *f*), que se referem a situações apenas aplicáveis à prescrição.

E ainda quanto à suspensão, devem considerar-se aplicáveis as disposições dos artigos 319.º (suspensão a favor de militares), 320.º (suspensão a favor de menores, interditos e inabilitados), 321.º (suspensão por motivo de força maior ou de dolo do obrigado) e 322.º (prescrição dos direitos da herança).

8.3 A interrupção da usucapião

No que respeita à interrupção da usucapião opera-se esta pela citação, por notificação judicial de qualquer acto ou por qualquer outro meio judicial pelo qual se exprima, directa ou indirectamente, a intenção de exercer o direito (323.º/1 e 4); pelo compromisso arbitral, relativamente ao direito que se pretende tornar efectivo (art. 324.º) e pelo reconhecimento do direito, efectuado perante o respectivo titular por aquele contra quem o direito pode ser exercido, sendo que o reconhecimento tácito apenas é relevante quando resulte de factos que inequivocamente o exprimam (art. 325.º).

Assim, a usucapião interrompe-se nomeadamente nos termos do art. 323.º/1 com a citação do possuidor[79].

A interrupção da usucapião tem por efeito inutilizar todo o tempo anteriormente decorrido, começando a correr novo prazo a partir do acto interruptivo, que será um prazo igual ao da usucapião primitiva (art. 326.º). Porém, se a interrupção resultar de citação, notificação ou acto equiparado, ou de compromisso arbitral, nesse caso o novo prazo de usucapião não começa a correr enquanto não passar em julgado a decisão que puser termo ao processo (art. 327.º).

Daí que não possa incluir-se, no prazo de usucapião, o lapso de tempo da pendência da acção até ao encerramento da discussão[80].

Imposta salientar que a interrupção ou suspensão do prazo para a usucapião a favor de um dos usucapientes, v.g. a suspensão da usucapião

---

[79] Ac da RC de 22.10.1985, in CJ, IV, 76 e da RL de 01.03.2001, in CJ, II, 65.
[80] Ac da RP de 6.01.1992, in CJ, I, 211.

em virtude da menoridade, aproveita aos demais contitulares do direito real afectado pela posse prescricional[81].

Note-se ainda que, quanto à interrupção, há também necessidade de considerar o regime especial da posse e da usucapião. Assim, o reconhecimento do direito do titular pelo possuidor poderá não dar lugar à contagem de novo prazo a partir do acto interruptivo.

O que resultará, normalmente, é a atribuição de natureza precária à posse, e a necessidade, portanto, de inversão do título para que se comece a contar um novo prazo (art. 1290.º)[82].

9. A titularidade da posse

9.1 Acessão e sucessão na posse

A posse boa para usucapião não tem, necessariamente, que, durante os prazos estipulados, se manter, sempre, na titularidade do mesmo sujeito. Nem tem, forçosamente, de constituir-se na esfera jurídica da pessoa que a vai invocar.

Pode verificar-se acessão e transmissão na posse.

No primeiro caso, à sua posse o sujeito pode juntar a posse dos seus antecessores: é a chamada acessão na posse (artigo 1256.º).

No segundo caso, o sujeito pode valer-se de uma posse em que tenha sucedido (artigo 1255.º).

Da possibilidade da acessão e da sucessão na posse para efeitos de usucapião se extrai que a posse se conta, não desde a aquisição derivada por parte de determinado sujeito, mas antes desde a sua constituição (aquisição originária), pois que a transmissão da posse não afecta o decurso do prazo para a usucapião.

Todavia, como bem refere Durval Ferreira, «o possuidor actual só poderá juntar "a sua posse" à posse do antecessor, por acessão, e para efeitos de completar o tempo necessário que lhe faculte a aquisição do direito respectivo por usucapião – se, "na relação de conflito com o antecessor, proprietário-possuidor", ou na relação de conflito com um subsequente (legítimo) adquirente do "direito" deste, entre as duas posses

---

[81] Vd. Ac da RE de 10.07.1970, BMJ, 199/268.
[82] Vd. P. Lima A. Varela, ob. cit. pg. 71.

existir o vínculo jurídico capaz de permitir a acessão e se esse vínculo for juridicamente válido e eficaz, no âmbito desse conflito e na perspectiva da transmissão válida para o possuidor do respectivo "direito"»[83].

9.2 A continuidade da posse

Iniciada uma posse boa para usucapião, é necessário que esta se mantenha. E, conforme dispõe o artigo 1257.º/1, a posse mantém-se enquanto durar a actuação correspondente ao exercício do direito ou a possibilidade de a continuar. Deste modo, haverá posse enquanto a coisa estiver submetida à vontade do sujeito, de tal modo que este possa renovar a actuação material sobre ela e considera-se mantida enquanto não surgir algo que obste ao exercício em que a posse se traduz, ou, mais rigorosamente, até que surja uma causa da sua extinção.

Posse mantida será, pois, a que se adquiriu e a que não sobreveio uma causa de extinção. Se a posse se perdeu, antes que completado fosse o prazo de antiguidade previsto na lei para conduzir à usucapião, tal posse deixa de poder ser tida em conta, de tal modo que se nova posse sobrevier só esta relevará para o cômputo do tempo da boa posse. Nesta hipótese não resta cabimento, nem para a acessão nem para a união de posses.

Saliente-se, pois, que a acessão na posse ou a união de posses exige que ambas as posses sejam contíguas, ininterruptas e homogéneas, bem como sem vínculo jurídico válido entre o novo possuidor e o anterior. Assim, não pode invocar-se acessão de posse quando a posse do anterior possuidor era causal e a do actual é uma posse autónoma ou formal[84].

Mas retenha-se que se a posse se perdeu já depois de completado o prazo necessário para poder operar a usucapião, esta sempre poderá ser invocada como causa de aquisição originária do direito.

9.3 Contagem do prazo entre dois regimes

Na contagem do prazo da usucapião, que se tenha iniciado na vigência do Código Civil de Seabra (1867), importa saber qual a lei aplicável, se a do código anterior ou se a do actual, que entrou em vigor em 1 de Junho de 1967.

---

[83] Ob. cit. pg. 459.
[84] Ac da RL de 01.03.2001, in CJ, II, 65.

Ora, por imposição do art. 12.º do Código Civil de 1966, tratando-se de situação jurídica criada no domínio do Código Civil de 1867 os seus efeitos devem ser resolvidos no âmbito desse Código, se o prazo nele estabelecido já se houver completado.

No caso de haver alteração dos prazos, há que observar a regra do art. 297.º do CC/66, se o prazo ainda não se tiver completado.

Assim, por exemplo, se a prática reiterada dos actos de posse (não titulada) se prolongou no tempo, – 20 anos e 6 meses (no âmbito do Código de Seabra) e 22 anos, 1 mês (no Código actual) – e se na vigência do Código de Seabra a posse não titulada era sempre *"juris et de jure"* de má fé, consumando-se a prescrição aquisitiva apenas ao fim de 30 anos (arts. 476.º e 529.º) e completando-se este prazo de 30 anos já na vigência do actual Código Civil, há que ver se é de aplicar a regra do art. 297.º sobre a alteração dos prazos, já que o prazo foi encurtado para 20 anos (art. 1296.º).

Tendo a lei nova reduzido o prazo da usucapião, o art. 297.º determina ser este aplicável aos que estiverem em curso, mas o prazo só se conta a partir da entrada em vigor da nova lei, a não ser que, segundo a lei antiga, falte menos tempo para o prazo se completar.

Deste modo, se o prazo se iniciou-se v. g. em Junho de 1945, ao entrar em vigor o actual Código Civil (01.06.1967), pela lei antiga faltava apenas cerca de 8 anos para o prazo nela estabelecida (30 anos) se completar, pelo que sendo este prazo de 8 anos inferior ao da lei nova (20 anos), é aplicável o prazo da lei antiga, por se consumar primeiro[85].

Quer dizer: em face ao disposto no artigo 297.º/1, do actual Código Civil, para efeitos de usucapião, deverá recorrer-se ao prazo previsto no anterior Código Civil, ou ao prazo previsto no actual Código Civil, consoante faltar menos tempo para a consolidação da usucapião.

Tendo o Código Civil de 1966 reduzido o prazo da usucapião, aplica-se o novo prazo, mas conta-se apenas o tempo decorrido na vigência da nova lei, salvo se daí resultar um prazo mais longo que o da lei anterior, caso em que o prazo continuará a correr segundo esta lei.

Relativamente ao prazo de usucapião iniciado antes da entrada em vigor do código actual importa saber se o direito se adquire no momento em que se inicia a posse ou se naquele em que se consuma o prazo, o que não é indiferente para a comunicabilidade dos bens.

---

[85] Ac da RC de 10.10.2006, acessível em http://www.dgsi.pt/jrc.

Ora, muito embora o Código de Seabra não tenha uma disposição idêntica à do art. 1288.º do CC/66, era já este o entendimento doutrinário, ao considerar como momento de aquisição da propriedade o do início da posse[86].

10. Invocação triunfante da usucapião

10.1 A vontade de usucapir

A aquisição através da usucapião não opera automaticamente, dependendo antes de uma manifestação de vontade por parte do possuidor que tenha em seu benefício a reunião dos necessários requisitos.

A usucapião, uma vez verificados todos os seus pressupostos, não operando "*ipso jure*", nem podendo ser conhecida "*ex officio*" pelo julgador, necessita, pois, de ser invocada por aquele a quem aproveita, pelo seu representante ou, tratando-se de incapaz, pelo Ministério Público (art. 303.º, aplicável por força do disposto no art. 1292.º).

Como já se viu, a invocação da aquisição do direito de propriedade por usucapião pode admitir-se se a respectiva posse durou o tempo necessário para o efeito, mesmo que, depois, se tenha perdido tal posse.

Acresce que a perda da posse, por um lado, apenas faz perder o senhorio de facto e, por outro, não é acto interruptivo, para efeitos do artigo 326.º.

Além disso, a faculdade de invocar a aquisição do direito não prescreve. Apenas, se, entretanto, se desenvolveu outra posse prescricional a favor de terceiro, e este invocar a aquisição do direito por usucapião, então, a invocação do primeiro será irrelevante, porque a aquisição originária do direito do último possuidor extingue a do anterior (artigo 1313.º).

Reafirme-se que se a posse se perdeu antes de se completar o prazo para haver lugar a usucapião, o possuidor se, porventura, vier a obter uma posse nova, não pode juntar a essa posse aquela que havia perdido, pois que nessa situação não pode ter lugar quer a sucessão quer a acessão na posse[87].

---

[86] Cf. P. Lima e A. Varela, Código Civil Anotado, vol. III, 2.ª ed., pg. 66.
[87] Vd. Durval Ferreira, ob. cit. pg. 461-462.

A invocação da usucapião, para se tornar eficaz, tanto pode ser efectuada judicialmente como de modo extra-judicial.

Se invocada judicialmente, em acção que é de mera declaração, a invocação poderá considerar-se verificada se feita de modo implícito, de acordo com os termos da demanda, designadamente ao invocarem-se os requisitos que a integram[88].

A usucapião considera-se invocada desde que se mostre alegado o complexo fáctico subjacente. Tal invocação pode, pois, ser implícita ou tácita, se os factos alegados integrarem, de modo manifesto, os respectivos elementos ou requisitos constitutivos e revelarem a intenção inequívoca de fundar o seu direito na usucapião[89].

Note-se que cabe ao possuidor que invoque a aquisição por usucapião, efectuar a prova, entre o mais, de ter decorrido o prazo correspondente para a usucapião poder operar, pelo que inexistindo tal prova o pedido tem de improceder.

Deste modo, não tendo decorrido o prazo necessário para essa aquisição na data em que a acção foi proposta, não pode contabilizar-se o tempo decorrido entre esse momento e a sentença se, nos termos em que a lei o permite, o autor não alegou posteriormente os factos suficientes para demonstrar que, durante todo esse tempo, se mantiveram os demais requisitos necessários à aquisição por usucapião[90].

Refira-se ainda que a lei não estabelece qualquer prazo para o possuidor invocar a usucapião, ainda que seja, entretanto, desapossado do bem.

10.2 Eficácia e retroactividade da usucapião

Invocada com eficácia a usucapião, o respectivo direito real a partir daí não se diferenciará de quaisquer outros, excepto pelo seu título constitutivo, a própria usucapião.

Invocada triunfantemente a usucapião, os seus efeitos retrotraem-se à data do início da posse (art. 1288.º).

Por outro lado, é preciso ter presente que a base de toda a nossa ordem imobiliária não está no registo, mas na usucapião.

---

[88] Vd. Ac do STJ de 26.11.1980, BMJ, 301/425.
[89] Vd. Ac do STJ de 03.02.1999, acessível em http://www.dgsi.pt/jstj.
[90] Vd. Ac do STJ de 15.05.2008, acessível em http://www.dgsi.pt/jstj.

Esta, como claramente resulta do art. 7.º do C.R. Predial, em nada é prejudicada pelas vicissitudes registrais. Por isso, o que se fixou no registo passa à frente dos títulos substantivos existentes, mas nada pode contra a usucapião[91].

11. Conteúdo do direito usucapido

11.1 Da posse exercida

A usucapião representa uma forma de aquisição originária de constituição de direitos reais e não uma forma de transmissão, recebendo o novo titular o seu direito, independentemente do direito do titular anterior.

Daí que ao novo titular não possam ser apostas as excepções que ao antigo titular eram admissíveis de aposição.

Daí que os direitos que nela tenham a sua origem em nada sofram com os eventuais vícios de que pudessem padecer os anteriores direitos sobre a mesma coisa.

Contudo, o novo direito pode ser constituído com restrições ou ónus que vinham do passado, por exemplo com uma servidão, posto que a posse que veio a dar lugar à usucapião já vinha sendo exercida com a restrição ou ónus que afecta o bem.

Pode, pois, como regra, afirmar-se que a posse, que venha a fundamentar a invocação da usucapião, quando tenha sido exercida sobre uma coisa onerada já segundo a ordem jurídica com determinada restrição, o direito respectivo se constituirá com a restrição em causa.

Tudo depende, portanto, do conteúdo da posse exercida. Como já se viu, por regra, o direito usucapido baliza-se, quanto à sua identidade e extensão, em correspondência com a índole da posse tal como foi na prática reiterada.

Assim, se existia, sobre o prédio, que a posse tem por objecto, uma servidão de passagem, e a posse for exercida sem colocar em causa este direito, ele manter-se-á. Porém, se o possuidor, em simultâneo com o exercício correspondente ao direito de propriedade, actuar em termos de fazer «oposição» ao exercício da servidão, a usucapião do direito de propriedade vai ser acompanhada da extinção da servidão por *"usucapio libertatis"* (art. 1574.º).

---

[91] Vd. Prof. Oliveira Ascensão, Direito Civil Reais, 5.ª ed. pág. 382.

O que bem se compreende, na medida em que na primeira hipótese o possuidor actuava como um proprietário onerado, enquanto na segunda agia como um proprietário livre[92].

11.2 Da substância da usucapião

Por outras palavras, pode dizer-se que a aquisição por usucapião funda-se directamente na posse, cuja extensão e conteúdo definem a extensão e conteúdo do direito adquirido – *"tantum praescriptum quantun possessum"* – com absoluta independência em relação aos direitos que antes dessa aquisição tenham incidido sobre a coisa. Por isso, se a coisa foi possuída como livre de quaisquer direitos ou encargos que sobre ela incidiam, adquirir-se-á nessas precisas condições, isto é, livre de direitos ou encargos, não interessando que estes hajam sido objecto de registo[93].

A substância do direito adquirido terá, assim, de ser encontrado pelo conteúdo da posse exercida em concreto à semelhança do conteúdo normativo desse direito na ordem jurídica e, obviamente, com sujeição aos limites próprios.

Deste modo, se alguém se apodera duma parcela de terreno, passando a exercer sobre ela posse duradoira à semelhança de verdadeiro dono, nela construindo um prédio urbano, poderá, pelo decurso do tempo prescricional, adquirir o direito de propriedade sobre essa coisa imóvel.

Porém, apesar dessa aquisição originária do direito de propriedade, no conteúdo concreto do mesmo sobre essa coisa, estará sujeito, por exemplo, às limitações impostas pela lei, como a de não poder abrir janelas a menos de metro e meio do prédio vizinho. Para este possuidor por usucapião poder obter também aquele outro direito de servidão de vistas, terá então de exercitar uma outra posse com o conteúdo e à semelhança desse direito de servidão.

Do mesmo modo se alguém entra na posse prolongada de um lote de terreno, integrado num "loteamento", o que pode adquirir é o direito de propriedade sobre esse terreno, mas submetido às respectivas e aprovadas regras do mesmo loteamento, se elas preexistirem.

---

[92] Vd. Luís A. Carvalho Fernandes, Lições de Direitos Reais, 4.ª ed., pg. 238--239.

[93] Vd. Ac do STJ de 08.06.1993, acessível em http://www.dgsi.pt/jstj.

O mesmo se diga, *"mutatis mutandis"*, do direito de propriedade adquirido por alguém por usucapião sobre um prédio, que se mostra integrado, por exemplo, num Plano de Urbanização da Autarquia, ou num Plano de Pormenor ou na Reserva Agrícola ou Ecológica ou ainda numa AUGI.

Dentro dos mesmos princípios, se alguém se apodera duma fracção de um prédio, em propriedade horizontal, o que pode adquirir por usucapião é o respectivo direito de propriedade horizontal, inserido no correspondente condomínio em que a coisa possuída se mostre inserida e sujeito às regras que o comandam. Assim, se essa fracção estiver arrendada para habitação, aquela aquisição por usucapião do direito de propriedade não fará cessar o direito ao arrendamento.

Ainda de acordo com os referidos princípios, se terceiros exercem posse, prescricional, simultânea e concorrentemente, com a posse prescricional que conduz, por usucapião, à aquisição por parte de alguém do direito de propriedade ou de outro direito real de gozo – por exemplo o direito a uma servidão – em tal condicionalismo a invocação de usucapião face ao direito em questão não pode conduzir ao impedimento da aquisição do direito de terceiros, quando também estes, com êxito, tenham invocado, ou venham a invocar, a seu favor a posse prescricional[94].

12. Capacidade para adquirir por usucapião

12.1 Capacidade de gozo

A usucapião aproveita a todos os que podem adquirir, como estabelece o n.º 1 do art. 1289.º. E o n.º 2 adita que os incapazes podem adquirir por usucapião, tanto por si como por intermédio das pessoas que legalmente os representam.

A lei ao afirmar que a usucapião aproveita a todos os que podem adquirir, estabelece uma regra de capacidade de gozo, ou seja, o reconhecimento de que todos os que podem adquirir, capazes ou incapazes, podem ser beneficiários da usucapião.

---

[94] Vd. Durval Ferreira, ob. cit. pg. 462-464.

Como se sabe, a capacidade de gozo, enquanto susceptibilidade de a pessoa ser titular de direitos e obrigações e pela qual se define a personalidade jurídica é um princípio que a lei consagra (art. 67.º).

Sendo assim, em face de um direito puramente material como a posse, não poderia haver cabimento para quaisquer limitações em relação aos incapazes – menores ou interditos – no que concerne à sua aptidão para adquirir por usucapião. Se a lei os não impede de adquirir por qualquer outro meio – compra, doação, etc. – igualmente não podia afastá-los de adquirir por usucapião.

12.2 Capacidade de exercício

No tocante à capacidade de exercício, isto é, à susceptibilidade de exercer os direitos e de cumprir os deveres de forma pessoal e livre, estabelece-se no n.º 2 do citado preceito uma regra dessa capacidade de exercício, indicando-se, quem pode exercer os actos possessórios juridicamente relevantes com vista à aquisição do direito por usucapião. Mas esta regra tem de conjugar-se com a do art. 1266.º, onde se estabelece que podem adquirir posse todos os que têm uso da razão, e ainda os que o não têm, relativamente às coisas susceptíveis de ocupação.

O que significa que os incapazes que tenham uso da razão, ou seja, consciência de que estão a praticar actos materiais de posse, podem, por si, adquirir por usucapião. Mas esses mesmos actos também poderão ser praticados pelos representantes dos incapazes e até será necessário que assim aconteça se aqueles não tiverem o uso da razão.

Assim, os menores com capacidade de querer e entender poderão obter em seu proveito a produção de todos os efeitos aquisitivos através da posse boa para usucapião.

O que os menores, e em geral os incapazes, não poderão é defender pessoalmente os seus direitos em juízo, invocando a usucapião, pois que terão, para esse fim, de estar acompanhados pelos seus legais representantes[95].

---

[95] Pires de Lima e Antunes Varela, ob. cit., pg. 67-68.

13. Da usucapião em caso de detenção

13.1 O possuidor precário

Os detentores ou possuidores precários não podem adquirir para si, por usucapião, o direito possuído, excepto achando-se invertido o título da posse. Mas neste caso o tempo necessário para a usucapião só começa a correr desde a inversão do título (art. 1290.º).

São havidos como detentores ou possuidores precários: os que exercem o poder de facto sem intenção de agir como beneficiários do direito; os que simplesmente se aproveitam da tolerância do titular e os representantes ou mandatários do possuidor e, de um modo geral, todos os que possuem em nome de outrem (art. 1253.º).

Nestas condições encontram-se todos aqueles que, tendo embora a detenção da coisa, sobre a mesma não exercem poderes de facto com *"animus"* de exercer o direito real correspondente, como sucede com o locatário, o depositário e o comodatário.

Note-se que estes possuidores precários, ainda que não possam para si adquirir por usucapião, dado que a sua posse, por ser precária, não é verdadeira posse, senão a partir da inversão do título, podem, todavia, adquirir para a pessoa que representam, como pode suceder com os actos materiais praticados pelo arrendatário, que podem ser actos de posse relevantes para aquisição por usucapião por parte do locador.

13.2 A inversão do título

Quanto à inversão do título da posse – a substituição da posse precária por posse em nome próprio – esta pode dar-se por oposição do detentor do direito contra aquele em cujo nome possuía ou por acto de terceiro capaz de transferir a posse (art. 1265.º).

A inversão do título da posse, a designada *"interversio possessionis"*, verifica-se quando se substitui uma posse precária, em nome de outrem, por uma posse em nome próprio, ou seja, a uma situação sem relevo jurídico especial vem substituir-se uma posse com todos os seus requisitos e com todas as suas consequências legais.

A inversão pode dar-se por dois meios: por oposição do detentor do direito contra aquele em cujo nome possuía, ou por acto de terceiro capaz de transferir a posse. O caso mais corrente é o do arrendatário que, em certo momento, se recusa a pagar as rendas, com alegado fundamento de que o prédio é seu.

Torna-se necessário um acto de oposição contra a pessoa em cujo nome o oponente possuía. O detentor há-de tornar directamente conhecida da pessoa em cujo nome possuía – quer judicial quer extrajudicialmente – a sua intenção de actuar como titular do direito.

A inversão por facto de terceiro há-de resultar de um acto capaz de transferir a posse. Assim, se o arrendatário comprar o prédio, não ao seu senhorio, mas a um terceiro, ele passa a gozar de um título que lhe confere a posse em nome próprio. O acto de compra, capaz de transferir a posse, inverte, pois, o título precário de arrendatário, desde que este, bem entendido, passe a comportar-se como possuidor, deixando, designadamente, de pagar a renda ao senhorio.

Não bastará, assim, para esse efeito, a intervenção do mero detentor num acto de partilha com terceiro, na qual, sem nenhuma intenção, por parte deste, de alterar o título de detenção do outro partilhante, a coisa possuída pelo usufrutuário aparece referida como pertencendo a este, em propriedade[96].

13.3 A inversão do título em sentido oposto

Ainda que a lei a tal se não reporte de modo expresso, parece nada impedir que se verifique uma inversão em sentido oposto à prevista no normativo acima citado.

Uma hipótese que o demonstre será a de alguém, convencido de que o direito lhe pertence, exercer sobre a coisa a posse correspondente, e passar mais tarde, aconselhado de que o direito pertence a terceiro, a deter apenas em nome deste (pagando-lhe rendas, dando-lhe contas da administração da coisa como seu mero gestor, etc.)[97].

---

[96] Pires de Lima e Antunes Varela, ob. cit., pg. 30-31.
[97] Pires de Lima e Antunes Varela, ob. cit., pg. 30-31 e Ac do STJ de 21.02.1991, in AJ, 15.º/16.º, 32.

14. Da usucapião por compossuidor

14.1 A regra da solidariedade

A usucapião por um compossuidor relativamente ao objecto da posse comum aproveita igualmente aos demais compossuidores (art. 1291.º).

Este artigo estabelece, em certos termos, uma regra de solidariedade entre os compossuidores, em oposição à regra geral de que os efeitos jurídicos dos actos só atingem os que os praticaram ou as pessoas em nome de quem foram praticados.

No exercício da posse, não é assim, pois que cada um dos compossuidores representa todos os outros e, por isso, se em relação a um se verificar a usucapião, ela não deixará de aproveitar a todos os restantes.

Se não houver posse exclusiva por parte de um dos compossuidores, embora este seja o único a praticar os actos materiais constitutivos do *"corpus"*, não pode haver usucapião apenas em seu benefício, que não em benefício de todos.

14.2 O benefício da boa fé de um compossuidor

Como se sabe, os prazos da usucapião podem variar de compossuidor para compossuidor, na medida da boa ou má fé de cada um.

Se tal se verificar, a aquisição por parte do compossuidor de boa fé aproveita a todos os demais, embora de má fé.

De contrário prejudicar-se-ia o possuidor de boa fé, o que a lei não prevê nem pode consentir.

Porém, se um dos compossuidores inverter o título, tratando-se obviamente de posse precária, passa a ser um possuidor em nome próprio e exclusivo em relação à coisa, e pode, consequentemente, adquirir só para si a coisa possuída[98].

Em tal caso é necessário que o possuidor alegue, entre outros requisitos, a exclusividade da posse, pois que tal como na propriedade, não se pode admitir a presença simultânea de dois possuidores plenos[99].

---

[98] Pires de Lima e Antunes Varela, ob. cit., pg. 70.
[99] Ac do STJ de 06.03.1990, in AJ, 2.º/90, pg. 12.

É se salientar que a legitimidade para invocar a usucapião em caso de morte de um dos possuidores cabe a quem lhe suceder na posse. Assim, a legitimidade para pedir a declaração daquele direito, por morte de um dos cônjuges, que deixou herdeiros, cabe, em conjunto ao meeiro e aos herdeiros do cônjuge falecido, que lhe sucederam na posse[100].

15. Da renúncia à usucapião

A aquisição por usucapião, em princípio, fica na disponibilidade do interessado, que em relação à mesma dela se pode aproveitar, ou a ela renunciar (expressa ou tacitamente), como lhe aprouver. Esta regra sofre, no entanto, algumas limitações, nomeadamente resultantes da sua natureza ou da capacidade do beneficiário ou ainda determinadas pela necessidade de tutela de terceiros.

Com efeito, da conjugação dos artigos 1292.º, 302.º e 305.º, decorre que a renúncia à usucapião só é relevante se ela se verificar depois de decorrido o prazo correspondente.

Como resulta que a renúncia, para ser considerada válida, tem de ser efectuada por aquele que possa dispor do direito a cuja aquisição respeitava a usucapião.

Acresce que se o possuidor não invocar a usucapião pode esta ser invocada por credores do possuidor ou por outros interessados na aquisição do correspondente direito. O mesmo acontece se o beneficiário da usucapião a ela tiver renunciado, mas, neste último caso, a invocação da usucapião pelos credores depende da verificação, quanto à renúncia, dos requisitos da impugnação pauliana[101].

16. Da relevância do título na usucapião

16.1 A posse titulada

No dizer de Orlando de Carvalho "para haver posse titulada são precisos dois requisitos. Um, positivo, e que é a legitimação da posse através da existência de um *"titulus adquirendi"* do direito em termos do

---

[100] Ac da RE de 29.04.1999, in BMJ 486/374.
[101] Vd. Luís A. Carvalho Fernandes, ob. cit., pg. 238.

qual se possui. Outro, negativo, e que é, sendo esse título um negócio jurídico, a não existência de vícios formais nesse mesmo negócio"[102].

No que respeita aos imóveis, o regime mais favorável à usucapião é aquele em que há não só título de aquisição como também registo do mesmo, contando-se o prazo a partir do mesmo registo. Neste caso, o prazo de usucapião será, respectivamente, de 10 ou 15 anos, conforme a boa ou má fé do possuidor (art. 1294.º).

Mas estes prazos serão elevados, para 15 ou 20 anos, mesmo que exista título, desde que este se não mostre registado, conforme sempre a boa ou má fé (art. 1296.º).

O registo da *mera posse* é relevante para adquirir por usucapião, mas esta só pode ser registada com base em sentença transitada em julgado, que declare ter havido posse pública e pacífica por um lapso de tempo não inferior a cinco anos. Efectuado o registo da sentença, o prazo da usucapião fica dependente ainda da boa ou má fé do possuidor, sendo tal prazo de cinco ou dez anos, conforme se verifique a primeira ou segunda situação, sendo que o prazo sempre se contará do registo (art. 1295.º).

No que concerne às coisas móveis registáveis, o regime é idêntico ao dos imóveis, ainda que com prazos distintos.

Se houver título de aquisição e registo do mesmo, o prazo para a usucapião será de dois ou de quatro anos, conforme a boa ou a má fé do possuidor.

Se não houver registo, o prazo para usucapião será sempre de dez anos, sem relevar a boa ou má fé do possuidor nem a eventual existência do título (art. 1298.º).

Importa chamar à colação que a posse se diz *"titulada"* quando é fundada em qualquer modo legítimo de adquirir, independentemente, quer do direito do transmitente, quer da validade substancial do negócio jurídico (art. 1259.º/1).

A posse é titulada se assente num facto (negócio jurídico) susceptível de, em abstracto, constituir ou transferir o direito real que lhe corresponde, muito embora, no caso concreto, a constituição ou transferência se não tenha operado, quer porque, por exemplo, o transmitente não tinha o direito de que se arrogava (aquisição *"a non domino"*), quer por virtude de um vício substancial do negócio jurídico (trata-se, por ex. de um negócio celebrado sob coacção ou em erro, ou viciado de simulação relativa)[103].

---

[102] In Revista de Legislação e Jurisprudência, Ano 122.º, pg. 265.
[103] Vd. M. Henrique Mesquita, ob. cit., pg. 79.

É que sucede, muito frequentemente, que a posse tem na sua origem um determinado negócio jurídico, que em abstracto é idóneo para operar a transferência do direito, mesmo que em concreto não o seja, porque inválido. Esse negócio jurídico é o título da posse; justo título, lhe chamava o Código de 1867, não porque seja um título válido em concreto (pelo contrário, na posse formal é necessariamente um título inválido) mas porque em abstracto ele seria adequado para a obtenção do efeito de direito substantivo que se pretendia[104].

16.2 A posse não titulada

Em face do que exposto fica, um negócio jurídico constitui justo título, ainda que seja substancialmente nulo, nomeadamente por falta de legitimidade de quem nele transmitir o direito em relação ao qual se constitui a posse. Porém, se o negócio for nulo por vício de forma, a posse é não titulada (ex.: venda de um imóvel por documento particular). Como não é titulada a posse de uma coisa por parte de alguém que dela simplesmente se apossou.

Por outras palavras: a posse é titulada quando tem na sua origem um modo legítimo de aquisição do direito que estiver em causa, independentemente quer do direito do transmitente, quer da validade substancial do negócio jurídico. Nas restantes hipóteses a posse tem de ser havida por não titulada.

Deste modo, serve de exemplo à posse titulada a que tem na sua base um contrato de compra e venda de um imóvel (mesmo que inválido, por exemplo, por incapacidade ou por erro do vendedor) e à posse não titulada a que tem por base o mesmo contrato de compra e venda feito por documento particular e não por escritura pública (ou, hoje, pelas regras introduzidas pelo designado *"Simplex"*).

Quer dizer: a posse titulada não é afectada por vício de fundo, mas é afectada por vício de forma, de modo que não é a invalidade substancial do negócio, mas apenas a invalidade formal, que obsta à existência do justo título.

Assim, o inventário, a escritura de partilha, a sentença homologatória desta, o negócio de divisão de coisa comum, etc., não convertem em titulada uma posse que anteriormente o não era. Pela simples razão de que

---

[104] Vd. Prof. Oliveira Ascensão, ob. cit. pg. 96.

o seu objectivo é apenas o de concretizar em relação a determinados bens a quota ideal ou abstracta de cada um dos contitulares no acervo patrimonial a partilhar.

Nem, de resto, podia ser diferente, por a partilha, por ex., não fazer nascer nos compartilhantes uma mais forte tutela na titularidade do direito real correspondente à posse. De contrário, fácil seria despistar os prazos (mais longos) da usucapião.

Note-se que a posse actual, quando titulada, faz presumir a posse anterior desde a data do título (art. 1254.º/2).

17. Da relevância do registo na usucapião

17.1 Registo do facto jurídico

Relativamente ao registo do título de aquisição, o registo que está em causa é o registo do facto jurídico que titula a aquisição do direito, importando salientar que só no caso de o título ser inválido cabe entrar em linha de conta com a eficácia da posse. Com efeito, se do título resultar a aquisição do direito, a usucapião é, naturalmente, irrelevante, por desnecessária.

O registo do título de aquisição é ponto de referência para a contagem dos prazos nos casos de posse titulada, pois que será a partir desse registo que os prazos se deverão contar. No entanto, os prazos serão sempre prazos de posse e não prazos de registo, ainda que contados do registo, pois que o que releva é que a posse se tenha mantido pelos anos necessários para a usucapião. E tal poderá não se verificar, apesar de o registo de determinado título perdurar pelos mesmos anos.

A mera inscrição no registo, ainda que pressupondo que a posse teve início antes desse registo, quando desacompanhada, de futuro, de actos efectivos de aproveitamento da coisa, não poderá comprovar, por si só, que a posse se tenha mantido pelos anos em que o registo tenha perdurado.

17.2 Registo dos imóveis

Como se sabe, os registos podem ser obrigatórios ou facultativos, conforme a lei comine ou não a sua falta com qualquer sanção (multa, coima, emolumento em dobro, etc.).

O registo predial português era facultativo[105], por inexistir qualquer sanção para a sua falta. Porém, do conjunto das regras sobre registo concluía-se que a sua efectivação era, em geral, um ónus[106] para quem adquirisse um direito sujeito a registo. Isto porque:

1.º Os factos sujeitos a registo, por regra, só produzem efeitos contra terceiros depois da data do respectivo registo (art. 5.º do CRP);
2.º Os factos de que resulte transmissão de direitos ou constituição de encargos sobre imóveis não podem ser titulados sem que os bens estejam definitivamente inscritos a favor da pessoa de quem se adquire o direito ou contra quem se constitui o encargo (art. 9.º do CRP);
3.º Por via de regra, não podem ser lavrados instrumentos de constituição ou transmissão de direitos sobre prédios se os mesmos não estiverem inscritos a favor do constituinte ou alienante do direito (art. 54.º do Código do Notariado).

Com a reforma introduzida ao Código do Registo Predial, pelo DL 116/2008, de 4 de Julho, por regra, passou a ser obrigatório o registo dos factos, acções, decisões, providências... a ele sujeitos, sob pena do pagamento do emolumento devido em dobro (art.s 8.º-A e 8.º-D).

O registo predial gira em torno do princípio do trato sucessivo, que impõe que a efectivação de cada registo de aquisição fique na dependência do registo prévio de aquisição por parte do transmitente (art. 34.º do CRP). O que nessa perspectiva já conferia ao registo um certo carácter de obrigatoriedade.

Note-se, todavia, que o princípio do trato sucessivo só abrange as aquisições, deixando de fora outros factos sujeitos a registo, como é o caso das acções judiciais. E mesmo em relação às aquisições, a lei prevê excepções ao princípio do trato sucessivo, prevenindo nos art. 116.º e ss os meios do seu suprimento, através das modalidades de justificação de direitos.

---

[105] De acordo com o CR Predial de 1967, que vigorou até 1984, era obrigatório submeter a registo todos os factos a ele sujeitos quando incidissem sobre prédios situados nos concelhos onde estivesse em vigor o cadastro geométrico da propriedade rústica; a falta de cumprimento dessa obrigação era punida com multa (art. 14.º).

Com a entrada em vigor, em 01.10.1984, do DL 224/84, de 6 de Julho, o registo predial passou a ser facultativo e assim se manteve até passar a vigorar, em 21.07.2008, o DL 116/2008, de 4/7.

[106] Isabel Pereira Mendes chama-lhe *"obrigatoriedade indirecta"*, in Código do Registo Predial, 12.ª ed. pg. 106.

A primeira é a designada justificação notarial (regulada nos arte. 89 e ss. do Código do Notariado), ou seja, um procedimento em que o interessado, através de escritura pública se declara titular de um certo direito, especificando a causa da sua aquisição e as razões que o impossibilitam de comprovar essa titularidade, fazendo de seguida publicitar o conteúdo essencial da escritura, a fim de facultar a sua impugnação judicial.

Note-se que "quando for alegada a usucapião baseada em posse não titulada, devem mencionar-se expressamente as circunstâncias de facto que determinam o início da posse, bem como as que consubstanciam e caracterizam a posse geradora da usucapião" (art. 89.º/2).

Outra modalidade que a lei previa era a justificação judicial, procedimento mediante acção judicial, como caminho necessário para a justificação sempre que inexistisse inscrição matricial a favor do interessado.

Porém, com a entrada em vigor do DL 273/2001, de 13 de Outubro, que introduziu alterações no Código do Registo Predial, «*desjudicializando*» tal processo, pela atribuição de competência para a sua instrução e decisão aos conservadores do registo predial, a aludida acção deixou, por princípio, de ter lugar, para em sua substituição ter cabimento o processo de justificação previsto nos artigos 116.º e seguintes do CRP, da competência das Conservatórias do Registo Predial.

Abaixo voltaremos, mais detalhadamente, ao assunto, dada a importância que reveste no contexto do presente trabalho.

Acrescente-se apenas que os factos, acções e procedimentos sujeitos a registo obrigatório são mencionados nos artigos 2.º, 3.º e 8.º-A do CRP.

17.3 Móveis sujeitos a registo

A grande dificuldade de uma identificação rigorosa dos bens móveis, de modo a distingui-los de tantos outros idênticos na forma e substância, conduziu a que o legislador tenha colocado no rol dos bens móveis sujeitos a registo uma diminuta parte, sendo a que mais releva a concernente aos automóveis, navios e aeronaves.

Para esta categoria de móveis existem registos e a sujeição a uma matrícula através da qual a sua individualização se opera.

17.3.1 *Registo de automóveis*

O registo dos direitos reais sobre automóveis, que se encontrava regulado no Decreto-Lei n.º 47 952, de 22 de Setembro de 1967, e regulamentado no Decreto n.º 47 953, da mesma data, veio a ser objecto de posterior regulação através dos seguintes diplomas:

Decreto-Lei n.º 54/75, de 12 de Fevereiro; Decreto-Lei n.º 242//82, de 22 de Junho (altera os artigos 1.º e 27.º); Decreto-Lei n.º 461/82, de 26 de Novembro (altera o artigo 5.º); Decreto-Lei n.º 217/83, de 25 de Maio; Decreto-Lei n.º 226/84, de 6 de Julho (altera o artigo 37.º); Decreto-Lei n.º 54/85, de 4 de Março; Decreto--Lei n.º 403/88, de 9 de Dezembro (revoga os artigos 24.º e 25.º); Lei n.º 2/83, de 18 de Fevereiro (lei de autorização / artigo 42.º); Decreto-Lei n.º 217/83, de 25 de Maio (autoriza o acesso directo da Polícia Judiciária ao registo automóvel / altera o artigo 27.º);

Decreto-Lei n.º 178-A/2005, de 28 de Outubro, rectificado pela Declaração de Rectificação n.º 89/2005, de 27 de Dezembro (cria o documento único automóvel/ altera os artigos. 1.º; 6.º; 8.º; 9.º; 11.º; 24.º, 25.º, 29.º; 31.º; 32.º; 33.º; 35.º; 40.º; 41.º; 42.º; 43.º; 44.º; 46.º; 48.º; 49.º; 50.º; 52.º; 53.º; 55.º; 57.º; 62.º e 65.º / adita os artigos 27.º-A, 27.º-B, 46.º-A e 46.º-B/ revoga os artigos 2.º; 3.º; 5.º; 7.º; 13.º, 14.º, 15.º; 16.º, 17.º, 18.º, 19.º; 20.º; 21.º; 22.º; 23.º, 30.º, 37.º; 38.º; 39.º, 45.º, 51.º, 54.º, 56.º, 58.º; 59.º; 60.º; 61.º, 63.º, 64.º; 65.º; 66.º);

Decreto-lei n.º 85/2006, de 23 de Maio (altera o artigo 46-A)

Decreto-Lei n.º 20/2008, de 31 de Janeiro (altera os artigos 9.º, 11.º, 25.º, 40.º, 43.º, 47.º e 55.º/ adita o artigo 42.º-A).

Decreto-Lei n.º 54/75, de 12 de Fevereiro, foi regulamentado pelo Decreto n.º 55/75, de 12 de Fevereiro e este regulamento veio a sofrer as alterações introduzidas pelos seguintes diplomas:

Decreto n.º 130/82, de 27 de Novembro (altera os artigos 18.º, 42.º e 60.º);

Decreto Regulamentar n.º 36/82, de 22 de Junho (altera os artigos. 1.º, 2.º, 3.º, 5.º, 11.º, 13.º, 14.º, 16.º, 19.º, 20.º, 29.º, 35.º, 37.º, 38.º, 39.º, 45.º, 54.º, 63.º, 64.º / revoga os artigos. 4.º, n.ᵒˢ 3 e 4 do artigo 18.º, n.º 2 do artigo 26.º e n.º 4 do artigo 39.º);

Decreto-Lei n.º 323/2001, de 17 de Dezembro (conversão dos escudos em euros);

Importa ainda ter em atenção os diplomas que seguem:

Despacho n.º 23702/2007, de 3 de Setembro, publicado no DR n.º 199 Série II de 16 de Outubro (Registo automóvel online – certificado provisório de matrícula);

Portaria n.º 99/2008, de 31 de Janeiro (promoção online de actos de registo de veículos e certidão online de registo de veículos, promoção de actos de registo por entidades que tenham por actividade principal a compra de veículos para revenda, promoção de actos de registo de veículos pelo vendedor com grande regularidade)

17.3.2 Registo de Navios

Quanto ao registo de navios há a considerar os seguintes diplomas:

Decreto-Lei n.º 42 644, de 14 de Novembro de 1959, regulamentado por Decreto-Lei n.º 42 645, de 14 de Novembro de 1959;

Alterado e regulado por Decreto-Lei n.º 290/84, de 27 de Agosto (altera os artigos 13.º, 14.º, 15.º, 16.º e 17.º) e pelo Decreto--Lei n.º 403/86, de 3 de Dezembro (altera o artigo 5.º, n.º 2);

Decreto-Lei n.º 323/2001, de 17 de Dezembro (conversão dos escudos em euros)

Portaria n.º 528/98, de 17 de Agosto (fixação do limite máximo emolumentar para registo de navios).

As características de cada navio estão registadas no documento "Ficha de Navio", que contém os dados da última versão dos dados de um navio: número identificativo do navio; nome do navio, nome anterior do navio (nos casos me que exista mudança do nome, o sistema regista o nome anterior deste); nome abreviado; data de construção do navio; situação de registo do Navio (provisório ou definitivo), etc.

O registo de navios é feito no Registo Comercial, da competência das respectivas Conservatórias, estando sujeitos a registo: a) Os factos jurídicos que importem reconhecimento, aquisição ou divisão do direito de propriedade; b) Os factos jurídicos que importem reconhecimento, constituição, aquisição, modificação ou extinção do direito de usufruto; c) Os contratos de construção ou de grande reparação; d) As hipotecas, sua modificação ou extinção, bem como a cessão da hipoteca ou do grau de prioridade do respectivo registo; e) O penhor de créditos hipotecários; f) A penhora, o arresto e o arrolamento de navios ou de créditos hipotecários, bem como quaisquer outros actos ou providências que afectem a livre disposição deles; g) A cessão de créditos hipotecários e a sub-rogação neles. (art. 2.º do DL 42 644).

A matrícula de navios é obrigatória, não podendo os navios empreender qualquer viagem enquanto não estiverem matriculados (art.s 6.º e 10.º do DL 42 644).

A matrícula definitiva dos navios, uma vez efectuada, é averbada no correspondente certificado do registo de propriedade. E o extracto da matrícula dos navios deve conter, em especial, as seguintes menções: a) O nome do navio e seu número oficial; b) A tonelagem e as dimensões principais; c;) O aparelho, sistema e força das máquinas, sendo a vapor; d) O lugar e data da construção das máquinas e do casco, bem como o material deste; e) O sinal distintivo que tiver no Código Internacional de Sinais; f) Os nomes e domicílio dos proprietários; g) A declaração de ter sido apresentado o título de propriedade dos navios e a indicação da respectiva capitania ou delegação marítima (arte. 39.º e 43.º do DL n.º 42 645).

Sobre a posse de navio sem título, dizem P. de Lima e A. Varela que "o artigo 487.º do Código Comercial, ao estabelecer que «a posse de um navio sem título de aquisição não importa propriedade», levou alguns autores a admitir, entre nós, a solução, em oposição com as soluções do direito estrangeiro, de que os navios mercantes não podiam ser adquiridos por usucapião (neste sentido, Cunha Gonçalves, Comentário ao Código Comercial, III, pg. 37; contra, Dias Marques, ob. cit., i, n.º 48-4). Cremos que o artigo 1298.º do novo Código veio resolver, e com carácter interpretativo, a questão suscitada no anterior direito. Todas as coisas móveis sujeitas a registo são susceptíveis de usucapião, visto tratar-se de matéria (usucapião) que não está regulada especialmente no Código Comercial"[107].

17.3.3 Registo de Aeronaves

O registo de aeronaves faz-se mediante inscrição no Registo Aeronáutico Nacional.

O Instituto Nacional de Aviação Civil, I.P. assegura através do serviço de Registo Aeronáutico Nacional, integrado no Gabinete Jurídico, o registo das aeronaves de matrícula nacional. Anualmente o INAC, I.P. elabora uma publicação referente às aeronaves registadas no Registo Aeronáutico Nacional.

Sobre a matéria de aeronaves importa a seguinte legislação:

Regulamento da Navegação Aérea aprovado pelo Decreto-Lei n.º 20062 de 25 de Outubro de 1930 e publicado no DG n.º 160, I Série de 13 de Julho de 1931;

---

[107] In Código Civil Anot., III, pg. 80.

Convenção relativa ao Reconhecimento Internacional de Direito sobre Aeronaves, de 19 de Junho de 1948, ratificada pelo Decreto do Governo n.º 33/85, de 4 de Setembro;

Convenção de Haia, de 5 Outubro de 1961, relativa à Supressão de Exigência de Legalização dos Actos Públicos Estrangeiros, aprovada pelo Decreto-Lei n.º 48450, de 24 de Junho de 1968;

Convenção sobre a Aviação Civil Internacional, de 7 de Dezembro de 1944, ratificada pelo Decreto do Governo n.º 98, de 28 de Abril de 1948.

Os caracteres de uma matrícula de uma aeronave são compostos por um conjunto inicial (atribuído pela OACI-ICAO), que designa o País, seguido do identificador individual, tendo a Portugal foi atribuído o código "CS-".

A matrícula portuguesa tem 3 letras após o prefixo da nacionalidade, e a primeira destas tem o seguinte significado: CS-A Aviação Geral; CS--B Balão; CS-D Aviação Geral; CS-G Autogiro; CS-H Helicóptero; CS--P Planador; CS-T Transporte; CS-U Ultraleve; CS-X Experimental.

Para se obter a matrícula de uma aeronave torna-se necessária a entrega dos seguintes documentos: 1) Contrato de Compra e Venda ou documento comprovativo da venda ("Bill of Sale" ou Factura); 2) Certificado de Abate ao Registo Aeronáutico do país da anterior matrícula/ ou certificado de não registo; 3) Certidão de desembaraço alfandegário, se se tratar de uma aeronave importada de um país não pertencente à União Europeia; 4) Impresso do Certificado de Matrícula (modelo n.º 736 da Imprensa Nacional/Casa da Moeda); 5) Três fotografias da aeronave, sendo uma fotografia de frente e duas de perfil, com as marcas de nacionalidade e de matrícula pintadas, em formato 9x12, sem margens e impressa a cores naturais.

Ainda quanto aos bens móveis sujeitos a registo importa ter presente a publicação do diploma legal que aprova o Código do registo dos bens móveis, Decreto-Lei n.º 277/95, de 25 de Outubro, cuja entrada em vigor foi relegada para o momento da publicação do respectivo Regulamento, de acordo com o disposto no Decreto-Lei n.º 311-A/95, de 21 de Novembro.

18. Da relevância da boa ou má fé na usucapião

18.1 Conceito ético

A posse diz-se de boa fé ou de má fé conforme o possuidor ao adquiri-la ignorasse, ou não, que lesava o direito de outrem, sendo que a existência de título faz presumir a boa fé e a sua inexistência a má fé. E a posse adquirida com violência é sempre considerada de má fé, mesmo que titulada (art. 1260.º).

A boa fé em matéria de posse exprime-se através de um conceito ético e não meramente psicológico[108], pelo que se alguém ignorar, com culpa, que está a violar o interesse de outrem não pode considerar-se de boa fé. Como não pode estar de boa fé quem não sabe, nem quer saber, se está a violar os direitos de outrem.

Acresce que embora o momento relevante para caracterizar a posse seja o da aquisição, a posse não fica definitivamente marcada, no seu regime, por no momento da sua constituição o possuidor estar de boa ou de má fé. A posse de boa fé passa a ser de má fé a partir do momento em que o possuidor tome, ou deva tomar, consciência de que está a lesar outrem (art. 1270.º).

18.2 Presunções

Quanto à qualificação destas modalidades de posse, de boa fé e má fé, estabelece a lei algumas presunções, em função de outras características que nela ocorram. É, assim, que a existência, ou falta, de título leva a presumir que a posse é, respectivamente, de boa fé ou de má fé, presunção que é ilidível.

Porém, ainda que haja título, a posse adquirida com violência presume-se sempre de má fé, presunção que é inilidível.

É compreensível a razão de ser da diferença. A falta de título justo não significa que se esteja em presença de um acto ilícito, como acontece na violência. Assim, não se impõe a necessidade de punir civilmente quem adquiriu a posse sem título[109].

---

[108] Em sentido contrário veja-se Acs do STJ de 08.03.2003, in CJ, II, 46 e de 11.01.2005, acessível em http://www.dgsi.pt/jstj.

[109] Vd. Prof. Oliveira Ascensão, ob. cit. pg. 98; A. Menezes Cordeiro, Da Boa Fé no Direito Civil, pg. 437 e Luís A. Carvalho Fernandes, ob. cit., pg. 287.

19. Da relevância da posse pacífica ou violenta

19.1 Os conceitos

Como acima se viu, a posse susceptível de conduzir à usucapião, tem de revestir sempre duas características essenciais, uma a de ser uma posse pacífica e outra a de ser uma posse pública.

Considera-se pacífica a posse que foi adquirida sem violência e tem-se por violenta a posse que seja obtida com coacção física ou moral (art. 1261.º).

A qualificação legal de posse como pacífica ou violenta tem de aferir-se em função do momento da sua aquisição.

Mas o carácter pacífico ou violento da posse projecta-se também no seu exercício. O que significa que a posse é violenta quando adquirida com coacção e enquanto a mesma se mantiver, mas passa a pacífica quando aquela cessar, com relevantes consequências, por exemplo, quanto à contagem do prazo de usucapião.

19.2 Os efeitos

O carácter violento da posse repercute-se na sua presunção como posse de má fé, presunção que é inilidível.

E tem ainda como consequência a de não poder ser registada (art. 1295.º/2).

A violência que impede a qualificação da posse como pacífica tanto pode ser exercida sobre pessoas como sobre coisas, pelo que é posse violenta a que se exerce sobre casa alheia mediante arrombamento da porta de entrada.

Para que a posse conduza à usucapião é necessário não só que seja pacífica no momento da sua obtenção, mas que assim se mantenha, não contando a partir do momento em que lhe seja feita oposição.

Assim a ocupação de um imóvel derivada de um contrato-promessa de compra e venda desse mesmo imóvel, em que o ocupante age como se fosse o seu dono, é posse de má fé, para efeitos de usucapião, uma vez que o possuidor sabe que lesa direito alheio, visto não possuir título translativo eficaz[110].

---

[110] Vd. Ac do STJ de 11.03.1999, acessível em http://www.dgsi.pt/jstj.

20. Da relevância da posse pública ou oculta

20.1 Os conceitos

A posse pública é outra, entre as duas características essenciais, para a aquisição por usucapião.

A posse pública é a que se exerce de modo a poder ser conhecida pelos interessados (art. 1262.º).

A distinção entre posse pública e posse oculta é aferida, segundo o critério estabelecido na lei, pelo modo como a posse é exercida.

O exercício da posse pública tem de ser realizado em termos de poder ser conhecido dos eventuais interessados. Sendo tal exercício de modo a que uma pessoa, normalmente diligente, colocada na situação do titular do direito, daquele exercício não podia deixar de se aperceber, a posse é pública.

Para ser havida por pública a posse não carece do conhecimento efectivo do seu exercício por parte daqueles a quem possa interessar, sendo suficiente a possibilidade de dela se aperceberem aqueles a quem a posse afectar.

A posse oculta ou clandestina pressupõe um comportamento no sentido a esconder o bem sobre que incide ou os actos em que se realiza. Não bastando, porém, a intenção de ocultar, sendo necessário que os actos possessórios sejam praticados de modo a não possibilitar o seu conhecimento aos interessados.

20.2 As consequências

A posse pode constituir-se de modo oculto, isto é, sem publicidade, como decorre do regime do esbulho (art.s 1282.º e 1297.º), com importantes consequências no seu regime, nomeadamente quanto à contagem do tempo da posse para efeito de registo da mera posse (art. 1295.º) e de usucapião (art.s 1297.º e 1300.º/1).

Note-se, todavia, que a posse oculta não deixa de ser posse, ainda que, logicamente, não oponível a quem dela foi privado. Mas oponível quanto a terceiros, designadamente para o efeito de o possuidor a defender contra actos de perturbação ou de privação.

No que concerne aos efeitos negativos do carácter oculto da posse são os mesmos próximos dos da posse violenta, sendo nomeadamente fixados nos mesmos preceitos.

Saliente-se, no entanto, que a posse oculta não se presume de má fé[111].

21. Relevância da usucapião *"versus"* registo

A base de toda a nossa ordem imobiliária assenta, não no registo, mas na usucapião, que em nada é prejudicada pelas vicissitudes registrais, valendo inteiramente por si.

A usucapião é um instituto exterior ao sistema de registo que prevalece sobre o mesmo na solução de conflitos entre os adquirentes de direitos reais.

Havendo um conflito entre direitos incompatíveis sobre o mesmo prédio, valerão as regras substantivas.

Assim, se alguém adquire um imóvel a título oneroso e de boa fé e se beneficia da fé pública do registo, em princípio, passa a ser o verdadeiro titular do prédio. Porém, se outrem invocar triunfantemente contra o mesmo a usucapião, esta, como última *ratio* na solução de conflitos entre adquirentes de direitos reais, funcionará como factor de decisão para identificar o real titular do bem.

O que significa que o registo funciona a favor de quem o possui, mas afinal apenas contra quem não tiver registo nem beneficie de usucapião.

O titular do bem que não estiver em condições de invocar a usucapião, mesmo juntando à sua posse a dos seus antecessores, não pode deixar de ser um detentor recente do bem, havendo então lugar para que o registo exerça a sua função de definição da titularidade do bem. Já em relação aos possuidores de longo prazo, quiçá a situação mais verificável, a garantia da verdadeira titularidade do bem estará na usucapião[112].

Assim, se numa acção de reivindicação de propriedade, o autor apenas demonstra ser titular do direito através duma escritura de partilhas e da sua inscrição no registo predial, mas o réu prova ter adquirido esse direito por usucapião, a acção terá de improceder[113].

---

[111] Vd. Luís A. Carvalho Fernandes, ob. cit., pg. 286.
[112] Vd. Prof. Oliveira Ascensão, ob. cit. pg. 382-386 e Ac da RE de 22.10.1998, in CJ, IV, 265.
[113] Ac da RC de 02/02/1999 acessível em http://www.dgsi.pt/jrc.

22. Da "usucapio libertatis"

22.1 Usucapião da liberdade do prédio

A aquisição por usucapião da liberdade do prédio, onerado com qualquer servidão, pode dar-se, e só, quando haja, por parte do proprietário do prédio serviente, aposição ao exercício da servidão (art. 1574.º/1).

A aquisição, por esta via, da liberdade do prédio pressupõe que o proprietário do prédio serviente o possui como se a servidão não existisse e durante o lapso de tempo necessário para haver usucapião. O titular de um direito real maior, onerado por um direito real menor, pode, pois, conseguir a liberação desse ónus, em consequência de um diuturno exercício, contraditório daquele direito real menor.

Do mesmo modo que um terceiro, que possui o prédio sem encargos, o pode adquirir sem servidões, também o próprio proprietário se pode libertar daquelas, mediante a posse da liberdade do prédio. É que não há razão para impedir o proprietário de obter aquela liberação, quando um terceiro, que exerça a posse formal do direito de propriedade como livre, adquire por usucapião a propriedade plena, livre do direito menor que a onerava.

Note-se que o art. 1574.º não se satisfaz com o exercício do direito maior como livre, exigindo também a existência de oposição ao exercício da servidão por parte do titular desse direito maior. De contrário, prevaleceria o título, que se imporia ao próprio proprietário.

Para garantia inequívoca da posse exige-se, assim, a oposição do proprietário do prédio serviente ao exercício da servidão, facto que representa uma espécie de inversão do título da posse. Por isso mesmo, tal como na inversão do título da posse, também neste caso se não exige que seja repelida a oposição.

22.2 Aplicação analógica da figura

A figura da "usucapio libertatis" é prevista apenas nos art.s 1569.º//1/c e 1574.º, a propósito da servidão, mas é de entender que se pode extrapolar daqui o princípio geral de que todo o titular do direito onerado pode lograr a liberação do direito onerante, através da usucapião. Como, de resto, já era entendido pela jurisprudência, na vigência do direito anterior, ainda sem apoio em qualquer previsão legal. O facto de o Código de 1966 prever a figura somente a propósito do caso singular da servidão, não obsta à licitude da sua aplicação analógica em todos os outros casos[114].

A figura da *"usucapio libertatis"* enquadra-se, e não é mais do que um seu desenvolvimento específico, nos institutos da posse e do usucapião, pelo que o seu acolhimento pelo legislador, nos artigos citados, quanto às servidões, não deixa de ser um afloramento particular de regra geral. É que os motivos justificativos militam, igualmente, face a quaisquer outros direitos ou encargos limitadores do direito de propriedade sobre a coisa: usufruto, uso e habitação, penhor, penhora, compropriedade, condomínio ou comunhão hereditária, etc.

22.3 Fundamento da figura

A razão de ser deste instituto radica na necessidade de certeza no comércio das coisas e de uma prova expedita da existência do direito e de quem é o respectivo titular e ainda de se saber se o direito existente se pode exercitar na plenitude do seu conteúdo, ou se, de contrário, se mostra onerado por direitos ou encargos que aquele direito restringem.

Quando a aquisição da liberdade do prédio, que é originária e fundada na posse, for total ou absoluta deixam de lhe ser oponíveis vícios ou excepções que antes seriam oponíveis ao mero direito de propriedade sobre a coisa, ainda que registados, pois que a aquisição pela *"usucapio libertatis"* é relevante independentemente e até contra o registo predial.

A aquisição da liberdade do direito pode concretizar-se na sua totalidade, quando o titular do direito, limitado por outro direito ou encargo, pela *"usucapio libertatis"*, consegue obter a plenitude do direito, fazendo, consequentemente, extinguir o direito ou encargo que o onerava, v. g. o usufruto.

Como pode concretizar-se apenas de modo parcial, quando a *usucapio libertatis* actuar apenas em relação a uma parte do direito possuído, v. g. um quintal; ou no que diz respeito apenas a algum ou alguns dos encargos, permanecendo outros, v. g. respeitar tão só a uma de várias servidões.

O mesmo sucederá, por exemplo, se por uma específica posse liberatória, o proprietário de determinado prédio, arrendado a terceiro, se apodera em domínio de facto, como sendo titular pleno do direito, duma

---

[114] Vd. Prof. Oliveira Ascensão, ob. cit. pg. 413-414.

parte da coisa arrendada, v. g. o logradouro do prédio, ou se em parte do mesmo se apodera duma passagem.

No caso descrito, se preexistir posse liberatória e a correspondente "*usucapio libertatis*", os direitos específicos do arrendatário, correspondente e relativamente, se extinguirão na extensão das áreas possuídas e das faculdades libertadas a favor do direito de propriedade do proprietário[115].

22.4 O direito ao arrendamento

Ainda que continue a haver seguidores, quer na doutrina quer na jurisprudência[116], do entendimento de que arrendamento é um direito de natureza obrigacional, a posição mais moderna, e de resto mais elaborada e convincente, é em sentido oposto.

Menezes Cordeiro, após referir que em Portugal a natureza real do direito do locatário é defendida na Faculdade de Direito de Lisboa, há mais de trinta anos, encontrando-se ligados a ela Paulo Cunha, Pinto Coelho, Dias Marques e Oliveira Ascensão, refere a dado passo que "hoje em dia, pensamos que o direito do locatário deve ser considerado um direito real de gozo, sem qualquer margem para dúvidas". Isto porque tendo o locatário a posse e o gozo da coisa locada, isto é, um poder directo e imediato sobre a coisa, o seu direito é também um poder "*erga omnes*", oponível a terceiros e ao próprio locador, facultando-lhe, em sua defesa, o recurso a acções possessórias para reaver a coisa. E o facto de o gozo do locatário ser limitado apenas significa estar-se perante um direito real diferente da propriedade[117].

Também para Oliveira Ascensão o direito ao arrendamento é, sem sombra de dúvida, um direito real. "O direito ao arrendamento é inerente ao prédio e atribui o aproveitamento deste. Em consequência, não é atingido por quaisquer transmissões, em vida ou por morte, do direito concorrente que limita. (...) Temos a inerência e a funcionalidade, com as suas típicas consequências, a sequela e a preferência, em perfeita identidade de condições com o que acontece em todos os direitos reais.

---

[115] Durval Ferreira, ob. cit. Pgs. 465-468.
[116] Vd. Ac do STJ de 10.04.2003, acessível em http://www.dgsi.pt/jstj e Pereira Coelho, citado no mesmo.
[117] In Direitos Reais, pg. 683 e ss.

(...) Parece por isso ser forçoso o reconhecimento de que o arrendamento, quaisquer que tenham sido as suas origens, constitui hoje um direito real"[118].

Daí que o direito ao arrendamento possa constituir-se, originariamente, por usucapião[119], como o direito de propriedade onerado com o arrendamento, através da posse liberativa e da *"usucapio libertatis"* pode reassumir a sua plenitude, com a consequente extinção do direito ao arrendamento.

23. Da invocação da Usucapião

23.1 A invocação da usucapião (extra-judicial ou judicial)

Como acima já se deixou expresso, decorre do art. art. 303.º, aplicável por força do art. 1292.º, ambos do CC, que a aquisição através da usucapião não opera de forma automática, carecendo antes que o possuidor, que tenha em seu benefício a reunião dos necessários requisitos, manifeste a sua vontade nesse sentido.

A usucapião, uma vez verificados todos os seus pressupostos, não operando *"ipso jure"*, nem podendo ser conhecida *"ex officio"*, necessita, pois, de ser invocada por aquele a quem aproveita, pelo seu representante ou, tratando-se de incapaz, pelo Ministério Público.

E tal invocação torna-se eficaz, quer efectuada judicialmente, quer de modo extra-judicial.

Por regra, tal invocação deverá hoje[120] ser feita extra-judicialmente, ou através de escritura de justificação notarial ou mediante acção intentada nos serviços do Registo Predial competente territorialmente (art.s 116.º e seguintes do CRP).

---

[118] In Direito Civil REAIS, 5.ª ed., pg. 537.

[119] Ainda que, por regra, não careça de recorrer aos dilatados prazos da usucapião para o seu reconhecimento, pois que basta ao possuidor que actua à semelhança do arrendatário, pagando a respectiva renda, pelo titular do direito de propriedade aceite, para ao fim de pouco tempo adquirir o estatuto de verdadeiro arrendatário.

[120] Desde 01.01.2002.

23.2 A invocação extra-judicial, por escritura de justificação notarial

O possuidor de imóvel, que não disponha de documento bastante para prova do seu direito perante o Registo Predial, pode alcançar a primeira inscrição no registo lançando mão do meio, mais célere e expedito, que é o da escritura de justificação notarial, regulamentada nos art.s 89.º a 91.º do Código do Notariado (CN).

Como é sabido, quem detém a pertença de um imóvel encontra, frequentes vezes, dificuldades na realização do registo a seu favor, decorrentes da falta ou insuficiência dos documentos necessários para o efeito, ficando, desse modo, impedido de demonstrar o direito que lhe assiste e, consequentemente, de o transmitir ou onerar.

Foi, assim, que a lei instituiu uma medida de carácter singular, a justificação notarial, no desiderato de facultar o estabelecimento do princípio do trato sucessivo – inscrição prévia e continuidade das inscrições – sempre que o titular do bem não disponha de título que comprove o seu direito.

As situações em que a justificação notarial pode ser utilizada para efeitos de registo predial são, essencialmente, as seguintes:

a) Para conseguir a primeira inscrição, para estabelecimento do trato sucessivo no tocante a prédios ainda não descritos ou, quando descritos, se sobre eles não incidir inscrição de aquisição ou equivalente;

b) Para reatamento do trato sucessivo, quando a sequência das aquisições derivadas (transmissões intermédias) se não interrompe desde o proprietário inscrito até ao actual proprietário (justificante), mas em que, relativamente a alguma ou algumas dessas transmissões, os interessados não dispõem do respectivo documento que as permita comprovar (ou porque o documento se extraviou ou foi destruído num incêndio ou não foi possível encontrar, designadamente por não ter sido possível localizar o cartório onde foi lavrado) apesar de terem sido tituladas de conformidade com a lei.

c) Para estabelecimento de novo trato sucessivo, naquelas situações em que se verifique uma quebra na cadeia das aquisições derivadas por abandono do proprietário (quer o inscrito quer outro subsequente a ele), tornando por isso necessário que o justificante invoque a posse conducente à usucapião, enquanto causa originária da aquisição.

Refere, a propósito do tema, Fernando Neto Ferreirinha, que nesta parte da exposição aqui de perto se segue, que:

"No caso da primeira inscrição a justificação consiste na declaração, feita pelo interessado, em que este se afirme, com exclusão de outrem, titular do direito que se arroga, especificando a causa da sua aquisição e referindo as razões que o impossibilitam de a comprovar pelos meios normais, devendo, quando for alegada a usucapião baseada em posse não titulada, ser mencionadas expressamente as circunstâncias de facto que determinam o início da posse, bem como as que consubstanciam e caracterizam a posse geradora da usucapião.

No caso de reatamento do trato sucessivo a justificação tem por objecto a dedução do trato sucessivo a partir do titular da última inscrição, por meio de declarações prestadas pelo justificante, devendo na escritura reconstituir-se as sucessivas transmissões, com especificação das suas causas e identificação dos respectivos sujeitos, e indicar-se ainda, relativamente àquelas a respeito das quais o interessado afirme ser-lhe impossível obter o título, as razões de que resulte essa impossibilidade.

No caso de estabelecimento de novo trato sucessivo a justificação consiste na afirmação, feita pelo interessado, das circunstâncias em que se baseia a aquisição originária, com dedução das transmissões que a tenham antecedido e das subsequentes, devendo na escritura reconstituir-se as sucessivas transmissões, com especificação das suas causas e identificação dos respectivos sujeitos, e indicar-se ainda, relativamente àquelas a respeito das quais o interessado afirme ser-lhe impossível obter o título, as razões de que resulte essa impossibilidade e as circunstâncias de facto que determinam o início da posse, bem como as que consubstanciam e caracterizam a posse geradora da usucapião"[121].

Importa referir, no que respeita ao formalismo a observar, que nas escrituras de justificação intervêm o justificante e três testemunhas para confirmação do declarado pelo primeiro.

---

[121] In "A justificação Notarial para Fins do Registo Predial", trabalho apresentado no Congresso de Direitos Reais, realizado na Faculdade de Direito de Coimbra, em 28 e 29 de Novembro de 2003, no âmbito das Comemorações dos 35 Anos do Código Civil.

Nos termos do art. 68.º do Código do Notariado não podem ser testemunhas (bem como abonadores, intérpretes, peritos, tradutores ou leitores): Os que não estiverem no seu perfeito juízo; Os que não entenderem a língua portuguesa; Os menores não emancipados, os surdos, os mudos e os cegos; d) Os funcionários e o pessoal contratado em qualquer regime em exercício no cartório notarial; e) O cônjuge, os parentes e afins, na linha recta ou em 2.º grau da linha colateral, tanto do notário que intervier no instrumento como de qualquer dos outorgantes, representantes ou representados; f) O marido e a mulher, conjuntamente; g) Os que, por efeito do acto, adquiram qualquer vantagem patrimonial; h) Os que não saibam ou não possam assinar.

Devendo justificante e declarantes ser advertidos de que incorrem nas penas aplicáveis ao crime de falsas declarações, se, dolosamente e em prejuízo de outrem, prestarem ou confirmarem declarações falsas, devendo a advertência constar da escritura (art. 97.º do CN).

Saliente-se também que na escritura de justificação devem intervir ambos os cônjuges, quando se trate de direitos pertencentes a marido e mulher, por se tratar de acto que a ambos aproveita.

Sucede que o parecer do Conselho Técnico de 28.09.2000 da DGRN, vai até mais longe ao defender que a segurança do comércio jurídico imobiliário que se pretende atingir com a publicidade da situação jurídica dos prédios exige que na escritura de justificação notarial em que seja invocada a usucapião de direitos reais sobre bens do casal intervenham ambos os cônjuges casados sob o regime de comunhão de adquiridos, quer se trate de bens comuns quer se trate de bens próprios de cada um deles, devendo no título ficar assente a qual das massas patrimoniais esses bens pertencem[122].

No que toca à admissibilidade da justificação notarial, há, no entanto, limitações que importa salientar.

Assim, o art. 92.º/1 do CN estabelece que a justificação de direitos que, nos termos da lei fiscal, devam constar da matriz só é admitida em relação aos direitos nela inscritos.

Sobre a exigibilidade da inscrição do prédio na matriz, diz o autor citado que "a questão é algo controversa na doutrina, havendo quem admita a justificação relativa a prédios que nela estejam omissos, desde que se faça a participação para a sua inscrição, na medida em que a matriz não confere direitos a ninguém, só lhe interessando quem paga o imposto sobre os imóveis".

---

[122] Publicado no II caderno do BRN n.º 10/2001 (Proc. N.º R.P. 28/2001).

E adita a propósito o seguinte:

"O Decreto-Lei n.º 281/99, de 26 de Julho – que estabeleceu o princípio segundo o qual não podem celebrar-se escrituras que envolvam a transmissão da propriedade de prédios urbanos ou de suas fracções autónomas sem se fazer perante o notário prova suficiente da existência da correspondente licença de utilização – veio permitir, pelo menos aparentemente, que as justificações relativas a prédios urbanos se possam realizar, quer os prédios estejam inscritos na matriz, quer lhe tenham sido simplesmente participados, e o Decreto--Lei n.º 273/2001, de 13 de Outubro, na redacção que emprestou ao art.º 117.º-A do Código do Registo Predial, admitiu, no âmbito do processo de justificação nele previsto, que à data da sua instauração estivesse apenas pedida a inscrição dos prédios na matriz".

Ora, parece de sufragar o entendimento de que desde que os prédios estejam participados à matriz é o bastante para se admitir a escritura de justificação notarial, na medida até em que aquela participação se direcciona à respectiva inscrição.

Note-se que o justificante é, por regra, o pretenso titular do direito, mas a lei também confere legitimidade para outorgar a escritura a quem demonstre ter legítimo interesse no registo do respectivo facto aquisitivo, incluindo, designadamente, os credores do titular do direito justificando (art. 92.º/2, do CN, na redacção do DL n.º 273/2001, de 13/10).

Saber se ao justificante na justificação alusiva a prédios urbanos deve ou não ser exigida a apresentação da licença de utilização ou documento que a substitua é questão ainda controvertida.

O art.º 1.º/1 do DL 281/99, de 26 de Julho, veio estabelecer que "não podem ser celebradas escrituras públicas que envolvam a transmissão da propriedade de prédios urbanos ou de suas fracções autónomas sem que se faça perante o notário prova suficiente da inscrição na matriz predial, ou da respectiva participação para a inscrição, e da existência da correspondente licença de utilização, de cujo alvará, ou isenção de alvará, se faz sempre menção expressa na escritura".

Em face do estabelecido neste normativo parece, ter sido intenção do legislador exigir que nas escrituras de justificação que tenham por objecto prédios urbanos se mencione a autorização (ou o alvará) da licença de utilização ou então referir que os prédios foram construídos ou inscritos na matriz antes da entrada em vigor do Regulamento Geral das Edificações Urbanas, o qual foi aprovado pelo Decreto-Lei n.º 38 382, de 07.08.51.

E nesse sentido se pronunciou, 23.05.2002, o Conselho Técnico, da DGRN, ou seja, no de que a justificação de direitos sobre prédios urbanos está condicionada à prova documental da existência da correspondente licença de utilização ou de que o imóvel estava dispensado da mesma, por ter sido construído ou inscrito na matriz antes de 07.08.1951 (ou em data em que no respectivo concelho ainda não vigorava o Regulamento Geral das Edificações Urbanas).

Esta deliberação teve, no entanto, um voto de vencido do seguinte teor:

"1. Estão excluídas da exigência da apresentação da prova da existência do alvará de licença de utilização as escrituras de justificação notarial de prédios urbanos, que sejam alicerçadas com base em usucapião, uma vez que se está perante uma situação de aquisição originária e, por isso, incompatível com qualquer ideia de transmissão.

2. Só nas escrituras de justificação para reatamento do trato sucessivo, em que se mostre necessário proceder à reconstituição de títulos intermédios que envolvam a transmissão, *"inter vivos"*, de prédios urbanos, para fazer a necessária aglutinação com as inscrições constantes do registo predial, é que será necessário fazer a prova a que alude a conclusão n.º 1 ou, eventualmente, a prova da sua dispensabilidade, nos termos consentidos por lei"[123].

O Tribunal da Relação de Guimarães veio recentemente sufragar a doutrina contida neste voto de vencido, decidindo que "só nas escrituras de justificação para reatamento do trato sucessivo em que se mostre necessário proceder à reconstituição de títulos intermédios que envolvam a transmissão de prédios urbanos será necessário fazer prova da licença de utilização"[124].

Outra questão controversa que se coloca é a do ónus da prova da aquisição por usucapião.

Se a invocação for realizada através de escritura de justificação notarial, com base na qual o alegado possuidor venha a obter a primeira inscrição do direito, aquele, caso venha a ser demandado por outrem que invoque ser proprietário do bem, terá o ónus de realizar a prova de ter adquirido o mesmo bem por usucapião, uma vez que nas acções de

---

[123] Publicado no II caderno do BRN n.º 6/2002.
[124] Vd. Citado trabalho de Fernando Neto Ferreirinha.

simples apreciação, ou declaração negativa, compete ao réu a prova dos factos constitutivos do direito que se arroga (art. 343.º/1 do CC).
Aliás a jurisprudência é propendente neste sentido.
Assim, no douto AC do STJ de 14.11.2006 entendeu-se que a acção que visa a impugnação de uma escritura de justificação notarial é uma acção de simples apreciação negativa (art. 4.º, n.º 2, al. *a*), do CPC), por visar apenas a declaração da inexistência do direito, no caso de propriedade, arrogado na escritura. Daí que o réu tenha o ónus de alegação dos factos constitutivos suficientes para integrarem a aquisição do direito de propriedade que na escritura se arrogaram, bem como o ónus da respectiva prova (art. 343.º/1, do CC).
O direito de propriedade declarado na escritura de justificação e, com base nela, levado ao registo, passou a ser incerto com a impugnação deduzida, não podendo os réus beneficiar da presunção aludida no art. 7.º do CRP, tanto mais que a escritura de justificação notarial, com as declarações nela contidas, apenas vale para efeitos de descrição na Conservatória do Registo Predial se não vier a ser impugnada, face ao disposto no art. 109.º-A (hoje art. 101.º do Código do Notariado)[125].
De modo semelhante se entendeu no douto Acórdão do STJ de 03.03.2005 que, como decorre do art. 116.º/1, do CRP, a escritura de justificação notarial é um meio, ou expediente técnico, simplificado de obter a primeira inscrição registral de um prédio que alguém diz ser seu, meio esse que, conforme n.º 1 do art. 100.º do Cod. Not., consiste em declaração nesse sentido feita pelo interessado, com, nomeadamente, especificação da causa da aquisição.
Dado que com essa acção se pretende a declaração de que o demandado não é titular do direito referido em escritura de justificação notarial, a acção de impugnação de justificação notarial é uma acção declarativa de simples apreciação negativa (art. 4.º, n.ºˢ 1 e 2, al. *a*), CPC).
Assim, moldada essa espécie de acções na clássica "*provocatio ad agendum*", é ao réu que, como determina o n.º 1 do art. 343.º do CC, compete provar os factos por ele invocados como integrantes de causa da aquisição do direito de que na escritura de justificação notarial se arrogou a titularidade[126].
Porém, nos também doutos arestos do mesmo STJ de 4.10.2001 e 15.05.2007 entendeu-se que se já estiver elaborado registo definitivo do

---

[125] Acessível em http://www.dgsi.pt/jstj.
[126] Acessível em http://www.dgsi.pt/jstj.

direito justificado, a presunção do artigo 7.º do Código do Registo Predial, faz inverter o ónus da prova na acção de simples apreciação negativa, que é o procedimento judicial comum de impugnação, valendo, então, o n.º 1 do artigo 342.º e não o n.º 1 do artigo 343.º do Código Civil[127].

Com o devido respeito, não nos parece de subscrever a doutrina destes últimos arestos, porque o direito de propriedade invocado na escritura de justificação e, com base nela, levado ao registo, passou a ser controverso com a impugnação deduzida, pelo que não pode o réu beneficiar da presunção contida no art. 7.º do CRP, tanto mais que a escritura de justificação notarial, com as declarações nela contidas, apenas vale para efeitos de descrição no serviço do Registo Predial, se não vier a ser impugnada, face ao disposto no art. 101.º, do Cód. do Notariado.

Deste modo, se o prédio se encontrar efectivamente descrito no registo predial, como o registo foi realizado com base apenas em tal escritura de justificação notarial, depois impugnada, e precisamente porque o foi, não pode ele constituir qualquer presunção de que o direito existe, já que é este mesmo direito cuja existência se pretende apurar nesta acção.

Aliás, o mais elementar bom senso não pode aceitar que alguém outorgue numa escritura de justificação notarial a invocar aquisição de direito por usucapião e apressadamente a leve ao registo predial, para a partir daí ficar na cómoda posição de nada ter que provar, incumbindo antes ao lesado fazer a prova do seu direito.

Ora, o que o bom senso não acolhe, dificilmente se pode defender com base no direito constituído.

Acontece que já depois de escrito o que deixa de se expor veio a ser tirado o douto Acórdão do STJ, de 04.12.2007, para FIXAÇÃO DE JURISPRUDÊNCIA, do seguinte teor:

"Na acção de impugnação de escritura de justificação notarial prevista nos art.s 116.º, n.º 1, do Código do Registo Predial e 89.º e 101.º do Código do Notariado, tendo sido os réus que nela afirmaram a aquisição, por usucapião, do direito de propriedade sobre um imóvel, inscrito definitivamente no registo, a seu favor, com base nessa escritura, incumbe-lhes a prova dos factos constitutivos do seu direito, sem poderem beneficiar da presunção do registo decorrente do artigo 7.º do Código do Registo Predial"[128].

---

[127] Acessíveis em http://www.dgsi.pt/jstj.
[128] Publicado no DR, I Série, N.º 63, 31.03.2008 e também acessível em http://www.dgsi.pt/jstj.

E o douto aresto em apreço teve por alicerce a seguinte fundamentação, que, por elucidativa, se passa a transcrever:

«No caso dos autos, trata-se de uma escritura de justificação notarial para estabelecimento de trato sucessivo no registo predial, prevista no art. 116.º, n.º 1, do Cód. Reg. Predial e nos arte 89.º, 96.º, n.º 1 e 101.º do Cód. do Notariado, que dispõem o seguinte:

Art. 116.º, n.º 1, do C.R.P.: "O adquirente que não disponha de documento para prova do seu direito pode obter a primeira inscrição mediante escritura de justificação notarial ou decisão proferida no âmbito do processo de justificação previsto neste capítulo".

Art. 89.º do Cód. do Not.: "1 – A justificação para efeitos do n.º 1 do art. 116.º do Código do Registo Predial consiste na declaração, feita pelo interessado, em que este se afirme, com exclusão de outrem, titular do direito que se arroga, especificando a causa da sua aquisição e referindo as razões que o impossibilitam de a comprovar pelos meios normais. 2 – Quando for alegada a usucapião, baseada em posse não titulada, devem mencionar-se expressamente as circunstâncias de facto que determinam o início da posse, bem como as que consubstanciam e caracterizam a posse geradora da usucapião".

Art. 96.º, n.º 1, do Cód. do Not.: "As declarações prestadas pelo justificante são confirmadas por três declarantes".

Art. 101.º do Cód. do Not.: "1– Se algum interessado impugnar em juízo o facto justificado deve requerer simultaneamente ao tribunal a imediata comunicação ao notário da pendência da acção. 2 – Só podem ser passadas certidões de escritura de justificação decorridos 30 dias sobre a data em que o extracto for publicado, se dentro desse prazo não for recebida comunicação de pendência da impugnação. 3 – O disposto no número anterior não prejudica a passagem de certidão para efeito de impugnação. 4 – Em caso de impugnação, as certidões só podem ser passadas depois de averbada a decisão definitiva da acção. 5..."

Tanto basta para se evidenciar que a justificação notarial é um expediente técnico simplificado, um processo anormal de titulação (preâmbulo do DL n.º 40.603, de 18-5-56), processo esse que todavia foi sucessivamente ampliado desde o advento do registo predial obrigatório, iniciado com a justificação extrajudicial de direitos prevista na Lei n.º 2049, de 6 de Agosto de 1951.

A evolução legislativa foi caracterizada pelo reforço da tutela da fé pública registral, assente no princípio da legitimação de direitos sobre imóveis titulados judicial ou extrajudicialmente.

Como escreve Borges Araújo (C/ colaboração de Albino Matos – Prática Notarial, 4ª ed. pág. 339) "na génese do sistema em que assenta a justificação notarial está o princípio do trato sucessivo.

Partindo da ideia de que, respeitando este princípio, se poderia criar um documento que substituísse, para efeitos de registo, títulos faltosos, criou-se um sistema em que nos aparece a nova escritura, de natureza excepcional, para apoiar e servir as necessidades do registo obrigatório, que se pretendia estabelecer.

O novo título foi buscar ao princípio do trato sucessivo a sua razão de ser, servindo não só o registo obrigatório como o registo predial em geral, ao possibilitar registos que de outro modo seriam impossíveis".

Mas a escritura de justificação notarial não oferece cabais garantias de segurança e de correspondência com a realidade, potenciando, mesmo, a sua utilização fraudulenta e permitindo que o justificante dela se sirva para titular direitos que não possui, com lesão de direitos de terceiros.

Efectivamente, trata-se de uma forma especial de titular direitos sobre imóveis, para efeito de descrição na Conservatória do Registo Predial, baseada em declarações dos próprios interessados, embora confirmadas por três declarantes, em que a fraude é possível e simples de executar.

A justificação notarial não constitui acto translativo, pressupondo sempre, no caso de invocação de usucapião, uma sequência de actos a ela conducentes, que podem ser impugnados, antes ou depois de ser efectuado o registo, com base naquela escritura.

É que a usucapião constitui o fundamento primário dos direitos reais na nossa ordem jurídica, não podendo esquecer-se que a base de toda a nossa ordem imobiliária não está no registo, mas na usucapião (Oliveira Ascensão, Efeitos Substantivos do Registo Predial na Ordem Jurídica Portuguesa, ROA, Ano 34, pág. 43/46).

E o art. 101.º, n.º 1, do Cód. do Notariado, não fixa qualquer prazo para propositura da acção de impugnação do facto justificado.

O facto comprovado pelo registo da escritura de justificação é impugnável, nos termos gerais do art. 8.º, n.º1, do Cód. Reg. Predial, pelo que deve ser pedido o cancelamento do registo com a impugnação do facto justificado.

Tem sido entendido, pela jurisprudência deste Supremo Tribunal, que a acção de impugnação de escritura de justificação notarial, prevista no art.

116.º, n.º 1, do Cód. Reg. Predial, na sua pureza, se apresenta como uma acção de simples apreciação negativa – art. 4.º, n.º 2, al. *a*), do C.P.C.

Nas acções de simples apreciação ou declaração negativa, incumbe ao réu a prova dos factos constitutivos do direito que se arroga – art. 343.º, n.º 1, do C.C.

No caso concreto, não se trata de uma pura acção de simples apreciação negativa, pois os autores, para além de formularem, nas alíneas *a*), *b*) e c) da parte conclusiva do petitório, pedidos declarativos de apreciação negativa, cuja prova incumbe aos réus (art. 343.º, n.º 1), deduzem também, na alínea *d*), um pedido declarativo de apreciação positiva, ou seja, que se declare que o ajuizado prédio pertence à herança ilíquida e indivisa aberta por óbito de GG e mulher HH, cuja prova já pertence aos autores (art. 342.º, n.º1).

Atentando, aqui e agora, apenas nos pedidos declarativos de apreciação negativa, dir-se-á que os réus, na escritura de justificação notarial, se dizem donos do prédio lá identificado, justificando a sua aquisição por usucapião.

Já vimos que, sendo os réus quem afirmam a existência desse direito, lhes cabe a prova dos respectivos factos constitutivos.

Mas, nessa situação, os réus não podem beneficiar da presunção derivada do registo do prédio a que procederam a seu favor, na Conservatória, nos termos do art. 7.º do Cód. Reg. Predial, segundo a qual o registo definitivo constitui presunção de que o direito existe e pertence ao titular inscrito, nos precisos termos em que o registo o define.

É que o registo foi feito exactamente com base na escritura de justificação, agora impugnada.

A impugnação da escritura de justificação significa a impugnação dos factos com base nos quais foi celebrado o registo.

A impugnação desses factos, traduzida na alegação da sua não verificação ou da sua não correspondência com a realidade, não pode deixar de abalar a credibilidade do registo e a sua eficácia prevista no art. 7.º do Cód. Reg. Predial, que é precisamente a presunção de que existe um direito cuja existência é posta em causa através da presente acção.

Daí que, impugnada a escritura com base na qual foi lavrado o registo, por impugnado também se tem de haver esse mesmo registo, não podendo valer contra o impugnante a referida presunção, que a lei concede no pressuposto da existência do direito registado.

A escritura de justificação notarial, com as declarações que nela foram exaradas, apenas vale para efeito de descrição do prédio na Conservatória do Registo Predial, se não vier a ser impugnada – art. 101.º do Cód. do Notariado.

Como o registo foi feito com base em tal escritura de justificação, aqui impugnada, e precisamente porque o foi, não pode ele constituir qualquer presunção de que o direito existe, já que é este mesmo direito cuja existência se pretende apurar nesta acção.

O princípio da boa fé registral não pode, só por si, justificar a solução oposta, sobretudo porque a escritura de justificação é um meio de suprir a falta de um título para registo.

Acresce que, não estando a acção sujeita a qualquer prazo de caducidade (Ac STJ de 15.06.94, CJ., II, 140), é totalmente indiferente que já tenha ou não sido lavrado o registo com base na escritura de justificação.

Se o registo já se encontrar lavrado (como é o caso), o autor impugnante apenas terá de pedir o seu cancelamento – art. 8.º, n.º1, do C. Reg. Predial.

O que tudo permite concluir, como se conclui, que o direito de propriedade afirmado na escritura de justificação notarial e, com base nela, levado ao registo, passou a ser incerto com a impugnação apresentada, daí decorrendo que os réus não possam beneficiar da aludida presunção do art. 7.º do Cód. Reg. Predial».

23.3 A Invocação extra-judicial, nos serviços do Registo Predial

A invocação da usucapião poderá ser feita também mediante a presentação do pedido em qualquer serviço do registo predial[129]. Com efeito, o Decreto-Lei n.º 273/2001, de 13 de Outubro, que introduziu várias alterações ao Código do Registo Predial, atribuiu às conservatórias, entre o mais, competência para declarar que a propriedade sobre um determinado imóvel foi adquirida por usucapião.

Na verdade, diz-se no seu preâmbulo, que "o presente diploma opera a transferência de competências em processos de carácter eminentemente registral dos tribunais judiciais para os próprios conservadores de registo, inserindo-se numa estratégia de *"desjudicialização"* de matérias que não consubstanciam verdadeiro litígio.

Trata-se de uma iniciativa que se enquadra num plano de desburocratização e simplificação processual, de aproveitamento de actos e de proximidade da decisão, na medida em que a maioria dos processos em

---

[129]Até 01.01.2009 na Conservatória do Registo Predial territorialmente competente.

causa eram já instruídos pelas entidades que ora adquirem competência para os decidir, garantindo-se, em todos os casos, a possibilidade de recurso.

Passou, assim, a ser objecto de decisão por parte das conservatórias do registo predial o processo de justificação judicial, previsto no artigo 116.º do Código do Registo Predial sob a epígrafe "justificação relativa ao trato sucessivo", aplicável à maioria das situações de suprimento de omissão de registo não oportunamente lavrado, aos casos de declaração de nulidade ou inexistência de registo, para efeitos do respectivo cancelamento...".

Todo o mecanismo deste processo especial "obedece à ideia de não existir interessado certo contra o qual haja de ser proposta a acção. Porque não há interessado certo em contradizer a pretensão do autor, é que o artigo manda citar o Ministério Público e, por éditos, os interessados incertos. Trata-se, pois, de uma acção contra incertos; este traço domina toda a estrutura do processo"[130].

Com o DL 116/2008 de 04.07.2008 o processo de justificação manteve, no essencial, a sua estrutura e as situações em que a justificação é legalmente admitida, que são os seguintes:

– A obtenção de uma primeira inscrição relativamente a prédios não descritos ou sobre os quais não incida inscrição de aquisição;
– O reatamento do trato sucessivo, desde o proprietário inscrito até ao justificante;
– O estabelecimento de um novo trato sucessivo, nas situações em que se verifique uma interrupção na cadeia das aquisições.

Estes são os casos em que a justificação de direitos pode ter lugar, sendo que em relação a todos eles existe ainda uma condição prévia restritiva da sua admissibilidade, que é a de os direitos a justificar deverem estar inscritos na matriz ou participados, se nos termos da lei fiscal deverem constar da matriz.

Com efeito assim estabelece a lei: "a justificação de direitos que, nos termos da lei fiscal, devam constar da matriz só é admissível em relação aos direitos nela inscritos ou relativamente aos quais esteja pedida, à data da instauração do processo, a sua inscrição na matriz" (artigo 117.º-A/1).

Por isso, é pressuposto do processo de justificação a apresentação de certidão de teor de inscrição matricial ou comprovativo do pedido de inscrição.

---

[130] Revista de Legislação e de Jurisprudência, 79.º Ano, pg. 37.

Este processo pode ter por intento, para além de outros, a inscrição registral do adquirente por usucapião, com vista à iniciação de novo trato sucessivo a partir do titular do direito assim justificado.

Existindo registo de inscrição a favor de outrem é claro que, face ao disposto no artigo 34.º/4 do C.R.P., é necessária a intervenção do respectivo titular para poder ser lavrada nova inscrição definitiva.

23.3.1 A tramitação do processo

a) Apresentação do pedido

O processo inicia-se com a apresentação do pedido[131], em qualquer serviço do registo com competência para a prática de actos do registo predial. Com efeito, com as alterações legislativas operadas neste processo registral pelo DL 116/2008, o início do procedimento passou a fazer-se mediante a apresentação do pedido em qualquer serviço de registo, em consequência da eliminação da competência territorial (art. 117.º-B).

Nesse processo não se terá de demandar oponentes, porque oponentes, em princípio, não se conhecem, ressalvado o caso da citação do titular da última inscrição, se a justificação se destinar ao reatamento ou ao estabelecimento de novo trato sucessivo (artigo 117.º-G/2).

No pedido, o interessado solicita o reconhecimento do direito em causa, oferecendo e apresentando os meios de prova para o efeito (art. 117.º-B).

Quando for invocada a usucapião como causa da aquisição do direito deve o interessado alegar expressamente as circunstâncias de facto que determinam o início da posse, quando não titulada, bem como, em qualquer caso, as que consubstanciam e caracterizam a posse geradora da usucapião.

Além disso, o prédio objecto do direito justificando deve ser identificado no pedido pelo número da descrição ou pelas menções necessárias à sua descrição (art. 117-B e 44.º/1/b)).

Com o pedido são oferecidos os meios de prova:

– Testemunhas em número de três;
– Documentos comprovativos das transmissões anteriores e subsequentes ao facto justificado, a respeito das quais se não alegue impossibilidade de os obter;

---

[131] A redacção anterior referia-se a requerimento.

– Outros que eventualmente se mostrem necessários para a verificação dos pressupostos da procedência do pedido (art. 117-C).

O número de testemunhas, que na versão anterior podia variar entre 0 e 5, foi na versão actual taxado em 3, o que exige que tenham de ser sempre oferecidas nem mais nem menos que 3 testemunhas.

Note-se que às testemunhas indicadas se aplica o estabelecido relativamente aos declarantes no processo de justificação notarial, pelo que não devem ser admitidos a depor todos aqueles que não podem ser testemunhas instrumentárias[132], nem os parentes sucessíveis do justificante, nem o cônjuge de qualquer deles (arte. 84.º e 96.º, do Código do Notariado)

Não obstante a falta de referência expressa (que na versão anterior se fazia) à necessidade de apresentar certidão de teor da inscrição matricial ou comprovativo do pedido de inscrição, esta comprovação carece de ser efectuada por constituir pressuposto do processo (art. 117.º-A).

Porém, perante a nova redacção dos n.ºs 2 e 4 do art. 31.º, (a vigorar a partir de 01.01.2009) esta comprovação pode ser dispensada sempre que o serviço de registo possa obtê-la por acesso directo às bases de dados da administração fiscal ou por solicitação oficiosa e gratuita do documento aos serviços fiscais.

b) Rejeição do pedido

O processo de justificação considera-se instaurado no momento da apresentação do pedido e dos documentos no serviço competente, com a realização da correspondente anotação no *Diário*.

Mas se a entrega (do pedido e dos documentos) não for acompanhada do pagamento dos emolumentos devidos pelo processo e pelos registos a lavrar na sequência da justificação, é rejeitada a apresentação, aplicando-se o regime de rejeição do pedido de registo (art. 117.º-D).

Ou seja, a rejeição deve ser fundamentada em despacho a notificar ao interessado, para efeitos de impugnação nos termos do art. 140.º e ss., aplicando-se com as necessárias adaptações, as disposições relativas à recusa (art. 66.º/3).

Efectuada e recebida a apresentação, é lavrado oficiosamente averbamento da pendência da justificação, reportando-se a este momento os efeitos dos registos que venham a ser lavrados na sequência da justificação (art. 117.º-E/1).

---

[132] Vd. em 23.2 as pessoas impedidas de depor como testemunhas.

c) Indeferimento liminar

Recebida a apresentação, anotada e averbada, sempre que o pedido se prefigure como manifestamente improcedente, pode ser indeferido liminarmente, por despacho fundamentado, de que se notifica o interessado.

Porém, se ao pedido não tiverem sido juntos os documentos comprovativos dos factos alegados, que só documentalmente possam ser provados e cuja verificação constitua pressuposto da procedência do pedido, ou se do requerimento e dos documentos juntos não constarem os elementos de identificação do prédio exigidos para a sua descrição, o justificante é convidado previamente para, no prazo de 10 dias, juntar ao processo os documentos em falta ou prestar declaração complementar sobre os elementos de identificação omitidos, sob pena de indeferimento liminar da pretensão.

Ressalve-se, contudo, que o interessado não será convidado para os efeitos aludidos se o serviço de registo puder obter os documentos ou suprir a ausência dos elementos em falta por acesso às bases de dados das entidades competentes ou qualquer outro meio idóneo, designadamente por comunicação com o justificante (art. 117-F).

Da decisão de indeferimento liminar pode o justificante recorrer ou não recorrer.

Se não recorrer, o processo é arquivado.

Apresentado recurso e em face dos fundamentos nele alegados, duas soluções se podem verificar:

Uma a da reparação da decisão de indeferimento liminar do pedido, mediante despacho fundamentado, que ordene o prosseguimento do processo, do qual é notificado o impugnante.

Outra a de manutenção da decisão recorrida, da qual igualmente será notificado o justificante, e em face da qual mais duas situações se podem verificar:

Uma a de se verificar o caso de a justificação se destinar ao reatamento ou ao estabelecimento de novo trato sucessivo, em que será notificado o titular da última inscrição, quando se verifique falta de título em que ele tenha intervindo, procedendo-se à sua notificação edital ou à dos seus herdeiros, independentemente de habilitação, quando, respectivamente, aquele titular esteja ausente em parte incerta ou tenha falecido.

Outra a de não se verificar tal situação, em que o processo, desde logo, será remetido a tribunal.

Na hipótese de notificação do titular da última inscrição, mais duas alternativas podem ocorrer:

A primeira a de não ser deduzida oposição, caso em que o processo é remetido ao tribunal para decisão do recurso.

A segunda a de ser deduzida oposição ao pedido de justificação, em que o processo é declarado findo, sendo os interessados remetidos para os meios judiciais (artigo 117.º-F).

Nesta última situação, entende-se que o processo só poderá ser remetido a tribunal, se as partes estiverem de acordo no aproveitamento dos articulados e o justificante o requeira (art. 105.º/2 do CPC).

Com a reforma introduzida pelo DL 116/2008, uma das alterações mais relevantes foi a revogação da disposição que estipulava a necessidade de citar o MP e os interessados incertos, ainda que sem prejuízo das regras gerais em matéria de processo civil.

Por outro lado, foram suprimidas as citações neste processo, sendo substituídas por meras notificações (art. 117.º-G).

A citação edital do titular inscrito ou dos seus herdeiros, nas situações de reatamento de trato sucessivo ou de estabelecimento de novo trato, foi substituída pela sua notificação edital.

Estas notificações editais continuam a realizar-se pela afixação de editais no serviço de registo da situação do prédio, na sede da junta de freguesia da situação do prédio e, quando se justifique, na sede da junta de freguesia da última residência do titular inscrito e são feitas nos termos gerais da lei processual civil.

Porém, as notificações editais são agora igualmente objecto de publicação em *sítio* da Internet nos termos definidos por portaria do Ministro da Justiça.

Esquematizando o que acima se deixa exposto temos o seguinte quanto ao:

INDEFERIMENTO LIMINAR (com notificação ao justificante):

  I) SEM recurso = arquivamento do processo.
  II) COM recurso:
    A) COM reparação do despacho = prosseguimento do processo.
    B) SEM reparação do despacho:
      i. SEM notificação do último titular = remessa a tribunal.
      ii. COM notificação do último titular:
        a) SEM oposição = remessa a tribunal.
        b) COM oposição = arquivamento do processo, remetendo-se os interessados para os meios judiciais.

Apenas haverá remessa do processo a tribunal se as partes estiverem de acordo no aproveitamento dos articulados e o justificante a requerer.

d) Prosseguimento do processo

Havendo o processo de prosseguir e caso a justificação se destine ao reatamento ou ao estabelecimento de novo trato sucessivo, é notificado o titular da última inscrição, quando se verifique falta de título em que ele tenha intervindo, procedendo-se à sua citação edital ou à dos seus herdeiros, independentemente de habilitação, quando, respectivamente, aquele titular esteja ausente em parte incerta ou tenha falecido (artigo 117.º-G/2).

As notificações são efectuadas nos termos gerais do processo civil (por carta registada para o domicílio – arte. 254.º/1 e 255.º/1 do CPC).

As notificações editais são feita pela simples afixação de editais, pelo prazo de 30 dias, no serviço de registo da situação do prédio, na sede da junta de freguesia da situação do prédio e, quando se justifique, na sede da junta de freguesia da última residência conhecida do ausente ou do falecido.

As notificações editais referidas são também publicadas em sítio da Internet, definido na Portaria publicada em anexo.

A defesa do titular inscrito ausente ou incapaz que, por si ou seus representantes, não tenha deduzido oposição, incumbe ao Ministério Público, que para tanto deve também ser notificado na pessoa do seu agente junto do tribunal de 1.ª instância competente na área da circunscrição a que pertença o serviço de registo, correndo novamente o prazo para a oposição.

Se a notificação não for possível em virtude de notória anomalia psíquica ou de outra incapacidade de facto do interessado, é igualmente notificado o Ministério Público, nos termos descritos.

Note-se que deixou de constar do art. 117.º-G o facto da representação dos ausentes e incapazes caber ao Ministério Público, certamente por se considerar desnecessária esta referência, uma vez que ela decorre do próprio Estatuto do Ministério Público (Lei 60/98, de 28/8), que no art. 3.º/1/a) prescreve, entre outras competências, a de "representar o Estado, as regiões autónomas, as autarquias locais, os incapazes, os incertos e os ausentes em parte incerta".

Os interessados podem deduzir oposição nos 10 dias subsequentes ao termo do prazo dos editais, oferecendo as testemunhas e apresentando os restantes meios de prova.

Igualmente o Ministério Público, em representação dos incapazes e ausentes, pode deduzir oposição. Não em nome próprio, pois que nessa qualidade deixou de ter legitimidade para intervir. Não em nome dos incertos, porque estes deixaram de ser citados para os termos do processo.

Se houver oposição, o processo é declarado findo, sendo os interessados remetidos para os meios judiciais.

Em nosso entender, sendo o processo declarado findo e os interessados remetidos para os meios judiciais, deve, simultaneamente, determinar-se o arquivamento do processo, não devendo o mesmo ser remetido a tribunal.

Isto porque nas hipóteses de remessa do processo a tribunal, designadamente para apreciação de recurso, o legislador refere-o expressamente. Por outro lado, no caso de haver oposição a competência deixa de caber ao serviço do registo e passa a caber ao Tribunal e trata-se de uma incompetência absoluta em tal situação.

Ora, conforme decorre do disposto no art. 105.º/2 do CPC, sendo a incompetência absoluta o processo apenas será remetido ao tribunal competente para a acção, se for decretada depois de findos os articulados e as partes estiverem de acordo com o aproveitamento destes e o autor requeira a remessa do processo ao tribunal competente.

Daí que se após ser deduzida oposição as partes manifestarem acordo no aproveitamento dos articulados e o autor requerer a remessa do processo a tribunal, o serviço de registo deverá deferir a pretensão do requerente e ordenar a remessa do processo.

Não sendo deduzida oposição, procede-se à inquirição das testemunhas, apresentadas pela parte que as tenha indicado, sendo os respectivos depoimentos reduzidos a escrito por extracto.

A decisão é proferida no prazo de 10 dias após a conclusão da instrução e, sendo caso disso, especifica as sucessivas transmissões operadas, com referência às suas causas e à identidade dos respectivos sujeitos.

Os interessados são notificados da decisão no prazo de cinco dias e não apresentando recurso, a mesma torna-se decisão definitiva, sendo efectuados oficiosamente os consequentes registos e publicada em sítio da Internet (art. 117.º-H).

Qualquer interessado pode recorrer da decisão para o tribunal de 1.ª instância competente na área da circunscrição a que pertence o serviço onde pende o processo, sendo o prazo para a interposição do recurso, que tem efeito suspensivo, o do artigo 685.º do Código de Processo Civil (10 dias).

O recurso interpõe-se por meio de requerimento, onde são expostos os respectivos fundamentos e a interposição considera-se feita com a apresentação do mesmo no serviço de registo em que o processo se encontra pendente, a qual é anotada no Diário, sendo de seguida, no mesmo dia da apresentação, o processo remetido ao tribunal competente (art. 117.º-I).

Na hipótese de o recurso ser apresentado para além dos 10 dias, ou seja, fora de prazo, o serviço de registo que proferiu a decisão deve, em todo o caso, fazer a anotação no Diário e remeter o processo ao tribunal de 1.ª instância, a quem cabe a competência para, além do mais, apreciar e decidir da extemporaneidade, ou não, da impugnação deduzida.

Recebido o processo no tribunal de 1.ª instância, são notificados os interessados para no prazo de 10 dias, impugnarem os fundamentos do recurso. Não havendo lugar a qualquer notificação ou findo o prazo a que se refere o número anterior, vai o processo com vista ao Ministério Público (art. 117.º-J).

Da sentença proferida no tribunal de 1.ª instância podem interpor recurso para o Tribunal da Relação os interessados e o Ministério Público, recurso, que tem efeito suspensivo, é processado e julgado como agravo em matéria cível.

Do acórdão do Tribunal da Relação não cabe recurso para o Supremo Tribunal de Justiça, sem prejuízo dos casos em que o recurso é sempre admissível (art.s 117.º-L e 117.º-M)

Após o trânsito em julgado da sentença ou do acórdão proferido, o tribunal devolve ao serviço de registo o processo de justificação (art. 117.º-P)

Não procedendo a justificação por falta de provas, pode o justificante deduzir nova justificação (art. 117.º-N).

Esquematizando o que acima se deixa exposto quanto ao

PROSSEGUIMENTO DO PROCESSO:

I. **COM a notificação de titular inscrito:**
A) **COM oposição** = arquivamento do processo, remetendo-se os interessados para os meios judiciais;
B) **SEM oposição** = seguimento com a produção de prova.

II. **SEM lugar a notificação, por não haver titular inscrito** = seguimento com a produção de prova:

Audição das 3 testemunhas – decisão em 10 dias – notificação aos interessados em 5 dias:

a) **SEM recurso** = efectuação dos registos e publicação da decisão na Internet;
b) **COM recurso** = Apresentação em 10 dias, anotação no Diário e remessa imediata ao tribunal de 1.ª instância – notificação aos interessados (se houver) para impugnarem em 10 dias – vista ao Ministério Público – <u>decisão do tribunal</u>:
   i. Sem recurso para a Relação = baixa do processo – efectuação dos registos e publicação da decisão na Internet;
   ii. COM recurso para a Relação (agravo com efeito suspensivo) – apresentação em 10 dias pelos interessados e/ou Ministério Público – decisão da Relação = baixa do processo – efectuação dos registos e publicação da decisão na Internet.

Note-se que o Código do Processo Civil é aplicável subsidiariamente e com as necessárias adaptações ao processo de justificação (art. 117.º-P), o que faculta ao serviço de registo, por exemplo, a realização de uma diligência de prova que se mostre necessária à boa decisão a proferir (a junção de determinado documento, uma peritagem, etc.). Não a inquirição de testemunhas para além das 3 instrumentárias, dado o carácter taxativo da lei.

23.4 A invocação judicial

Coloca-se a questão de saber se a competência para declarar que a propriedade sobre um determinado imóvel foi adquirida por usucapião passou a ser exclusiva dos serviços do Registo Predial ou se, pelo contrário, os Tribunais Judiciais continuam a ser competentes em alternativa para o efeito.

Nos termos do n.º 1 do art. 18.º da LOTJ[133] e do art. 66.º do CPC *"são da competência dos tribunais judiciais as causas que não sejam atribuídas a outra ordem jurisdicional"*.

Os citados preceitos, cuja formulação vem já do CPC de 1939, enunciam uma regra genérica, ou um critério geral, de orientação para

---

[133] Aprovada pela Lei 3/99, de 13/1.

solucionar o problema da determinação do tribunal competente em razão da matéria e que consiste em colocar no âmbito da competência dos tribunais comuns todas as causas que por lei não estejam, concretamente, afectas à apreciação dos tribunais especiais ou de alguma jurisdição especial. É a indagação da competência *por exclusão*.

Como ensinava o Prof. Alberto dos Reis, "todas as causas que por lei não são da competência dalgum tribunal especial pertencem ao foro comum. De modo que a competência dos tribunais especiais determina-se por investigação *directa:* vai-se ver qual é, segundo a lei orgânica do tribunal, a espécie ou espécies de acções que podem ser submetidas ao seu conhecimento.

Pelo contrário, a competência do foro comum determina-se *por exclusão:* apurado que a causa de que se trata não entra na competência de nenhum tribunal especial, conclui-se que para ela é competente o tribunal ou juízo comum.

Portanto, a competência do foro comum só pode afirmar-se com segurança depois de se ter percorrido o quadro dos tribunais especiais e de se ter verificado que nenhuma disposição da lei submete a acção em vista à jurisdição de qualquer tribunal especial»[134].

Obviamente que o que se diz dos tribunais especiais vale igualmente quanto a outras jurisdições especializadas, hoje bastante em voga.

Porém, saber se um determinado tribunal ou entidade jurisdicional de competência especializada é competente, ou não, para conhecer de determinada acção nem sempre é de evidência apodíctica, tornando-se necessário, não raras vezes, proceder a laboriosas indagações, para, através de vários elementos indiciadores, se ensaiar uma resposta convincente.

Para o Prof. Manuel de Andrade, «são vários esses elementos também chamados *índices* de competência (Calamandrei). Constam das várias normas que provêem a tal respeito. Para decidir qual dessas normas corresponde a cada um deve olhar-se aos termos em que foi posta a acção – seja quanto aos seus elementos objectivos (natureza da providência solicitada ou do direito, para o qual se pretende a tutela judiciária, facto ou acto donde teria resultado esse direito, bens pleiteados, etc.), seja quanto aos seus elementos subjacentes (identidade das partes).

A competência do tribunal – ensina Redenti (vol. I, pág. 265), afere-se pelo *quid disputatum (quid decidendum,* em antítese com aquilo que será mais tarde o *quid decisum);* é o que tradicionalmente se costuma

---

[134] in Código do Processo Civil Anot., I, 201.

exprimir dizendo que a competência se determina pelo pedido do autor. E o que está certo para os elementos da acção está certo ainda para a pessoa dos litigantes»[135].

Também a jurisprudência tem propendido para o entendimento de que a competência em razão da matéria tem de ser averiguada em função dos termos em que a acção é configurada pelo autor, quanto ao pedido e seus fundamentos[136].

Ora, no preâmbulo do Decreto-Lei n.º 273/2001, de 13 de Outubro, diz-se que nele se "opera a transferência de competências em processos de carácter eminentemente registral dos tribunais judiciais para os conservadores de registo, inserindo-se numa estratégia de desjudicialização de matérias que não consubstanciam verdadeiro litígio... passa assim a ser objecto de decisão por parte do conservador o processo de justificação judicial, aplicável à maioria das situações de suprimento de omissão de registo não oportunamente lavrado, aos casos de declaração de nulidade ou inexistência de registo, para efeitos do respectivo cancelamento...".

Como se sabe, a designada acção de justificação judicial referida no n.º 1 do artigo 116.º do Código, aprovado pelo Decreto-Lei 224/84, de 6/7, cujo regime constava do Decreto-Lei 284/84, de 22/8, deixou de existir a partir de 02.01.01, altura em que entrou em vigor o Decreto-Lei 273/01, de 13/10, que alterou a redacção daquele n.º 1 e revogou aquele Decreto-Lei 284/84.

Passando a justificação relativa ao trato sucessivo para a competência das Conservatórias de Registo Predial, como consequência da razão que passou a informar, entre outros, os processos de suprimento e os de rectificação de registo, razão que corresponde a um plano de "*desjudicialização*" de matéria em que não se consubstanciavam verdadeiros litígios.

Deste modo, por regra, os tribunais comuns deixaram de ser competentes para este tipo de processos.

Se assim não fosse, cairia por terra aquele plano de "*desjudicialização*" que se deixou referido.

Assim sendo, os tribunais judiciais só poderão intervir no caso de recurso da decisão final do serviço de registo ou no caso de o processo ter sido declarado findo e os interessados haverem sido remetidos para os meios judiciais em consequência de oposição por aqueles deduzida, nos

---

[135] Noções Elementares de Processo Civil, I. pg. 88.
[136] Vd., por todos, Acs. do STJ de 09.02.1994 (in BMJ 434/564) e de 12.01.1994 (in CJ, I, 38).

termos do disposto no n.º 6 do artigo 117.º-F e n.º 2 do artigo 117-H, do Código do Registo Predial.

Aliás, existindo um processo destinado a permitir a inscrição no registo de quem adquiriu coisa imóvel por usucapião, justificando o início de trato sucessivo, designadamente nos casos em que o adquirente não dispõe de documento para a prova do seu direito e inexistindo qualquer litígio, seria desnecessário e até despropositado que se propusesse acção declarativa destinada a obter a declaração de propriedade impondo-se aos demandados o reconhecimento dessa propriedade.

Afinal, por essa via, alcançar-se-á o registo de propriedade fundado em acção que reconheceu a aquisição a favor do justificante do direito de propriedade sobre imóvel (artigos 2/1, alínea a), 3.º/1, alínea a), 92.º//1, alínea a) do C.R.P.).

Daí que a jurisprudência se venha pronunciando neste sentido.

Assim, no Acórdão de 25.11.2004 do STJ se decidiu que "não existindo litígio, pertence hoje aos conservadores a competência para, em processo de justificação (artigo 116.º do Código do Registo Predial), suprir a falta de título da propriedade de imóveis com fundamento na usucapião".

O mesmo sucedendo no Acórdão do mesmo tribunal de 3.03.2005, onde se exarou entendimento de idêntico teor: "não existindo litígio, pertence ao Conservador do Registo Predial a competência para, em processo de justificação (art. 116.º do Código de Registo Predial), suprir, com fundamento na usucapião, a falta de título de propriedade de imóveis, tendo em vista o registo predial da descrição do prédio".

Ainda no mesmo sentido se pronunciaram os Acórdãos da Relação do Porto de 16.03.2006 e de 9.06.2005, lendo-se no sumário deste último que "a competência material para o processo de justificação de registo, a partir de Janeiro de 2002, passou a competir em exclusivo e não em alternativa, ao Conservador do Registo Predial, devendo seguir os termos que contemplados vêm, nomeadamente, nos art.s 117-A a 119 do citado código"[137].

Note-se, todavia, que na jurisprudência citada se faz uma ressalva, que é a de não haver litígio.

É que havendo litígio já a competência cabe aos tribunais judiciais e também em exclusivo.

---

[137] Todos estes arestos estão acessíveis em http://www.dgsi.pt.jrp.

Tanto assim é que se no processo de justificação relativo ao trato sucessivo instaurado no serviço do Registo Predial "se houver oposição, o processo é declarado findo, sendo os interessados remetidos para os meios judiciais" (artigo 117.º-H/2).

A justificação relativa ao trato sucessivo tem o seu campo de aplicação orientado basicamente para os casos em que não há interessados conhecidos ou em que não há interessados que se arroguem pretensão contrária.

Porém, se houver interessados certos que se oponham não será este o procedimento a seguir, pois que à partida existindo litígio o mesmo só poderá ser dirimido no âmbito de processo judicial, pelo que seria acção inútil a de justificação intentada nos serviços do Registo Predial.

Deste modo, o recurso ao procedimento judicial ou ao processo de justificação no serviço do Registo Predial, impor-se-á não como mera opção alternativa de que a parte interessada possa a seu bel-prazer lançar mão, mas antes como escolha acertada da entidade exclusivamente competente para a demanda, em face da existência ou não de litígio.

E existirá ou não litígio se na vida real a posse do bem acontece sem oposição de ninguém ou se, pelo contrário, tal oposição se verifica.

Haverá ou não litígio se o possuidor do bem não careça de convencer ninguém do seu direito de propriedade ou se, ao invés, carece de mostrar que o direito está pelo seu lado.

Assim, se ninguém contesta o direito do dono de determinada parcela de terreno por usucapião, nem viola por qualquer forma as suas faculdades de uso e fruição do mesmo terreno, parece de concluir pela falta de interesse na acção judicial que aquele viesse a propor para designadamente fazer reconhecer o seu direito de propriedade pelos proprietários vizinhos[138].

Se o dono de parcela de terreno não carece de convencer ninguém, então não há nenhuma necessidade, nem nenhum interesse, na propositura da acção judicial.

Pelo contrário, se aquele pretende convencer alguém de que é proprietário da aludida parcela de terreno por usucapião estamos em face de acção que pressupõe um litígio, tendo o autor que alegar factos que justifiquem a necessidade de o demandado ser convencido.

É claro que fica nas mãos do autor fazer a escolha acertada ao recorrer ao meio judicial ou ao extra-judicial, pois que, errando nessa escolha, correrá o risco de a demanda não ter sucesso, por exemplo por

---

[138] Vd. Antunes Varela, in Manual de Processo Civil, Vol. 2.º, 1985, pg. 180.

a entidade judicial se declarar incompetente, com a consequente absolvição da instância, ou por a entidade administrativa arquivar o processo, com a consequente remessa das partes para os meios judiciais, num caso e no outro tendo de suportar as despesas da lide.

Para concluir se dirá, fazendo a síntese, e seguindo o entendimento do Acórdão da Relação de Lisboa de 07.04.2005, que no essencial se subscreve, que:

A definição de limites entre o procedimento judicial e a justificação relativa ao trato sucessivo, que corre nas Conservatórias do Registo Predial sob a égide dos respectivos conservadores, terá como fronteira a existência ou inexistência de litigiosidade.

A ausência de litigiosidade constitui, no entanto, a pedra de toque: ou ela existe e, então, o interessado no registo pode e deve recorrer desde logo ao tribunal; ou ela não existe e, então, o interessado deverá recorrer ao processo de justificação relativa ao trato sucessivo a correr no serviço do registo. Nesse processo não terá de demandar oponentes, porque oponentes não se conhecem, ressalvado o caso, se a justificação se destinar ao reatamento ou ao estabelecimento de novo trato sucessivo, da citação do titular da última inscrição (artigo 117.º-G/2 do C.R.P.).

Note-se, no entanto, que caso exista à partida claro litígio sobre a posse do bem, o interessado no registo pode e deve recorrer desde logo ao tribunal, pois que seria puro desperdício de tempo e de meios intentar o processo no serviço do registo predial para este, depois, ter de o declarar findo mediante a oposição da parte contrária[139].

A correcta opção fica nas mãos do interessado, sendo que, em face da mesma e na defesa dos seus legítimos interesses, poderá ver reconhecido o seu direito com maior celeridade e sem custos acrescidos.

---

[139] Acessível em http://www.dgsi.pt/jstj.

ns LEGISLAÇÃO ANEXA

Disposições legais, do Código Civil, aplicáveis à usucapião:

Prescrição

SUBSECÇÃO I

Disposições gerais

ARTIGO 300.º

(Inderrogabilidade do regime da prescrição)

São nulos os negócios jurídicos destinados a modificar os prazos legais da prescrição ou a facilitar ou dificultar por outro modo as condições em que a prescrição opera os seus efeitos.

ARTIGO 301.º

(A quem aproveita a prescrição)

A prescrição aproveita a todos os que dela possam tirar benefício, sem excepção dos incapazes.

ARTIGO 302.º

(Renúncia da prescrição)

1. A renúncia da prescrição só é admitida depois de haver decorrido o prazo prescricional.
2. A renúncia pode ser tácita e não necessita de ser aceita pelo beneficiário.
3. Só tem legitimidade para renunciar à prescrição quem puder dispor do benefício que a prescrição tenha criado.

ARTIGO 303.º

(Invocação da prescrição)

O tribunal não pode suprir, de ofício, a prescrição; esta necessita, para ser eficaz, de ser invocada, judicial ou extrajudicialmente, por aquele a quem aproveita, pelo seu representante ou, tratando-se de incapaz, pelo Ministério Público.

ARTIGO 304.º
(Efeitos da prescrição)

1. Completada a prescrição, tem o beneficiário a faculdade de recusar o cumprimento da prestação ou de se opor, por qualquer modo, ao exercício do direito prescrito.
2. Não pode, contudo, ser repetida a prestação realizada espontaneamente em cumprimento de uma obrigação prescrita, ainda quando feita com ignorância da prescrição; este regime é aplicável a quaisquer formas de satisfação do direito prescrito, bem como ao seu reconhecimento ou à prestação de garantias.
3. No caso de venda com reserva de propriedade até ao pagamento do preço, se prescrever o crédito do preço, pode o vendedor, não obstante a prescrição, exigir a restituição da coisa quando o preço não seja pago.

ARTIGO 305.º
(Oponibilidade da prescrição por terceiros)

1. A prescrição é invocável pelos credores e por terceiros com legítimo interesse na sua declaração, ainda que o devedor a ela tenha renunciado.
2. Se, porém, o devedor tiver renunciado, a prescrição só pode ser invocada pelos credores desde que se verifiquem os requisitos exigidos para a impugnação pauliana.
3. Se, demandado o devedor, este não alegar a prescrição e for condenado, o caso julgado não afecta o direito reconhecido aos seus credores.

ARTIGO 306.º

(Início do curso da prescrição)

1. O prazo da prescrição começa a correr quando o direito puder ser exercido; se, porém, o beneficiário da prescrição só estiver obrigado a cumprir decorrido certo tempo sobre a interpelação, só findo esse tempo se inicia o prazo da prescrição.
2. A prescrição de direitos sujeitos a condição suspensiva ou termo inicial só começa depois de a condição se verificar ou o termo se vencer.
3. Se for estipulado que o devedor cumprirá quando puder, ou o prazo for deixado ao arbítrio do devedor, a prescrição só começa a correr depois da morte dele.
4. Se a dívida for ilíquida, a prescrição começa a correr desde que ao credor seja lícito promover a liquidação; promovida a liquidação, a prescrição do resultado líquido começa a correr desde que seja feito o seu apuramento por acordo ou sentença passada em julgado.

ARTIGO 307.º

(Prestações periódicas)

Tratando-se de renda perpétua ou vitalícia ou de outras prestações periódicas análogas, a prescrição do direito unitário do credor corre desde a exigibilidade da primeira prestação que não for paga.

ARTIGO 308.º

(Transmissão)

1. Depois de iniciada, a prescrição continua a correr, ainda que o direito passe para novo titular.
2. Se a dívida for assumida por terceiro, a prescrição continua a correr em benefício dele, a não ser que a assunção importe reconhecimento interruptivo da prescrição.
(....)

Suspensão da prescrição

Artigo 318.º
(Causas bilaterais da suspensão)

A prescrição não começa nem corre:

a) Entre os cônjuges, ainda que separados judicialmente de pessoas e bens;
b) Entre quem exerça o poder paternal e as pessoas a ele sujeitas, entre o tutor e o tutelado ou entre o curador e o curatelado;
c) Entre as pessoas cujos bens estejam sujeitos, por lei ou por determinação judicial ou de terceiro, à administração de outrem e aquelas que exercem a administração, até serem aprovadas as contas finais;
d) Entre as pessoas colectivas e os respectivos administradores, relativamente à responsabilidade destes pelo exercício dos seus cargos, enquanto neles se mantiverem;
e) Entre quem presta o trabalho doméstico e o respectivo patrão, enquanto o contrato durar;
f) Enquanto o devedor for usufrutuário do crédito ou tiver direito de penhor sobre ele.

Artigo 319.º
(Suspensão a favor de militares e pessoas adstritas às forças militares)

A prescrição não começa nem corre contra militares em serviço, durante o tempo de guerra ou mobilização, dentro ou fora do País, ou contra as pessoas que estejam, por motivo de serviço, adstritas às forças militares.

Artigo 320.º
(Suspensão a favor de menores, interditos ou inabilitados)

1. A prescrição não começa nem corre contra menores enquanto não tiverem quem os represente ou administre seus bens, salvo se respeitar a

actos para os quais o menor tenha capacidade; e, ainda que o menor tenha representante legal ou quem administre os seus bens, a prescrição contra ele não se completa sem ter decorrido um ano a partir do termo da incapacidade.

2. Tratando-se de prescrições presuntivas, a prescrição não se suspende, mas não se completa sem ter decorrido um ano sobre a data em que o menor passou a ter representante legal ou administrador dos seus bens ou adquiriu plena capacidade.

3. O disposto nos números anteriores é aplicável aos interditos e inabilitados que não tenham capacidade para exercer o seu direito, com a diferença de que a incapacidade se considera finda, caso não tenha cessado antes, passados três anos sobre o termo do prazo que seria aplicável se a suspensão se não houvesse verificado.

ARTIGO 321.º
(Suspensão por motivo de força maior ou dolo do obrigado)

1. A prescrição suspende-se durante o tempo em que o titular estiver impedido de fazer valer o seu direito, por motivo de força maior, no decurso dos últimos três meses do prazo.

2. Se o titular não tiver exercido o seu direito em consequência de dolo do obrigado, é aplicável o disposto no número anterior.

ARTIGO 322.º
(Prescrição dos direitos da herança ou contra ela)

A prescrição de direitos da herança ou contra ela não se completa antes de decorridos seis meses depois de haver pessoa por quem ou contra quem os direitos possam ser invocados.

SUBSECÇÃO V
Interrupção da prescrição

ARTIGO 323.º
(Interrupção promovida pelo titular)

1. A prescrição interrompe-se pela citação ou notificação judicial de qualquer acto que exprima, directa ou indirectamente, a intenção de

exercer o direito, seja qual for o processo a que o acto pertence e ainda que o tribunal seja incompetente.

2. Se a citação ou notificação se não fizer dentro de cinco dias depois de ter sido requerida, por causa não imputável ao requerente, tem-se a prescrição por interrompida logo que decorram os cinco dias.

3. A anulação da citação ou notificação não impede o efeito interruptivo previsto nos números anteriores.

4. É equiparado à citação ou notificação, para efeitos deste artigo, qualquer outro meio judicial pelo qual se dê conhecimento do acto àquele contra quem o direito pode ser exercido.

Artigo 324.º
(Compromisso arbitral)

1. O compromisso arbitral interrompe a prescrição relativamente ao direito que se pretende tornar efectivo.

2. Havendo cláusula compromissória ou sendo o julgamento arbitral determinado por lei, a prescrição considera-se interrompida quando se verifique algum dos casos previstos no artigo anterior.

Artigo 325.º
(Reconhecimento)

1. A prescrição é ainda interrompida pelo reconhecimento do direito, efectuado perante o respectivo titular por aquele contra quem o direito pode ser exercido.

2. O reconhecimento tácito só é relevante quando resulte de factos que inequivocamente o exprimam.

Artigo 326.º
(Efeitos da interrupção)

1. A interrupção inutiliza para a prescrição todo o tempo decorrido anteriormente, começando a correr novo prazo a partir do acto interruptivo, sem prejuízo do disposto nos n.ᵒˢ 1 e 3 do artigo seguinte.

2. A nova prescrição está sujeita ao prazo da prescrição primitiva, salvo o disposto no artigo 311.º.

Artigo 327.º

(Duração da interrupção)

1. Se a interrupção resultar de citação, notificação ou acto equiparado, ou de compromisso arbitral, o novo prazo de prescrição não começa a correr enquanto não passar em julgado a decisão que puser termo ao processo.

2. Quando, porém, se verifique a desistência ou a absolvição da instância, ou esta seja considerada deserta, ou fique sem efeito o compromisso arbitral, o novo prazo prescricional começa a correr logo após o acto interruptivo.

3. Se, por motivo processual não imputável ao titular do direito, o réu for absolvido da instância ou ficar sem efeito o compromisso arbitral, e o prazo da prescrição tiver entretanto terminado ou terminar nos dois meses imediatos ao trânsito em julgado da decisão ou da verificação do facto que torna ineficaz o compromisso, não se considera completada a prescrição antes de findarem estes dois meses.

CAPÍTULO VI

Usucapião

Secção I

Disposições gerais

Artigo 1287.º

(Noção)

A posse do direito de propriedade ou de outros direitos reais de gozo, mantida por certo lapso de tempo, faculta ao possuidor, salvo disposição em contrário, a aquisição do direito a cujo exercício corresponde a sua actuação: é o que se chama usucapião.

Artigo 1288.º

(Retroactividade da usucapião)

Invocada a usucapião, os seus efeitos retrotraem-se à data do início da posse.

ARTIGO 1289.º
(Capacidade para adquirir)

1. A usucapião aproveita a todos os que podem adquirir.
2 Os incapazes podem adquirir por usucapião, tanto por si como por intermédio das pessoas que legalmente os representam.

ARTIGO 1290.º
(Usucapião em caso de detenção)

Os detentores ou possuidores precários não podem adquirir para si, por usucapião, o direito possuído, excepto achando-se invertido o título da posse; mas, neste caso, o tempo necessário para a usucapião só começa a correr desde a inversão do título.

ARTIGO 1291.º
(Usucapião por compossuidor)

A usucapião por um compossuidor relativamente ao objecto da posse comum aproveita igualmente aos demais compossuidores.

ARTIGO 1292.º
(Aplicação das regras da prescrição)

São aplicáveis à usucapião, com as necessárias adaptações, as disposições relativas à suspensão e interrupção da prescrição, bem como o preceituado nos artigos 300.º, 302.º, 303.º e 305.º.

SECÇÃO II
Usucapião de imóveis

ARTIGO 1293.º
(Direitos excluídos)

Não podem adquirir-se por usucapião:
a) As servidões prediais não aparentes;
b) Os direitos de uso e de habitação.

Artigo 1294.º
(Justo título e registo)

Havendo título de aquisição e registo deste, a usucapião tem lugar:

a) Quando a posse, sendo de boa fé, tiver durado por dez anos, contados desde a data do registo;
b) Quando a posse, ainda que de má fé, houver durado quinze anos, contados da mesma data.

Artigo 1295.º
(Registo da mera posse)

1. Não havendo registo do título de aquisição, mas registo da mera posse, a usucapião tem lugar:

a) Se a posse tiver continuado por cinco anos, contados desde a data do registo, e for de boa fé;
b) Se a posse tiver continuado por dez anos, a contar da mesma data, ainda que não seja de boa fé.

2. A mera posse só será registada em vista de sentença passada em julgado, na qual se reconheça que o possuidor tem possuído pacífica e publicamente por tempo não inferior a cinco anos.

Artigo 1296.º
(Falta de registo)

Não havendo registo do título nem da mera posse, a usucapião só pode dar-se no termo de quinze anos, se a posse for de boa fé, e de vinte anos, se for de má fé.

Artigo 1297.º
(Posse violenta ou oculta)

Se a posse tiver sido constituída com violência ou tomada ocultamente, os prazos da usucapião só começam a contar-se desde que cesse a violência ou a posse se torne pública.

SECÇÃO III

Usucapião de móveis

ARTIGO 1298.º

(Coisas sujeitas a registo)

Os direitos reais sobre coisas móveis sujeitas a registo adquirem-se por usucapião, nos termos seguintes:

a) Havendo título de aquisição e registo deste, quando a posse tiver durado dois anos, estando o possuidor de boa fé, ou quatro anos, se estiver de má fé;
b) Não havendo registo, quando a posse tiver durado dez anos, independentemente da boa fé do possuidor e da existência de título.

ARTIGO 1299.º

(Coisas não sujeitas a registo)

A usucapião de coisas não sujeitas a registo dá-se quando a posse, de boa fé e fundada em justo título, tiver durado três anos, ou quando, independentemente da boa fé e de título, tiver durado seis anos.

ARTIGO 1300.º

(Posse violenta ou oculta)

1. É aplicável à usucapião de móveis o disposto no artigo 1297.º.
2. Se, porém, a coisa possuída passar a terceiro de boa fé antes da cessação da violência ou da publicidade da posse, pode o interessado adquirir direitos sobre ela passados quatros anos desde a constituição da sua posse, se esta for titulada, ou sete, na falta de título.

ARTIGO 1301.º

(Coisa comprada a comerciante)

O que exigir de terceiro coisa por este comprada, de boa fé, a comerciante que negoceie em coisa do mesmo ou semelhante género é obrigado a restituir o preço que o adquirente tiver dado por ela, mas goza do direito de regresso contra aquele que culposamente deu causa ao prejuízo.

CAPÍTULO V
Uso e habitação

Artigo 1484.º
(Noção)

1. O direito de uso consiste na faculdade de se servir de certa coisa alheia e haver os respectivos frutos, na medida das necessidades, quer do titular, quer da sua família.
2. Quando este direito se refere a casa de morada, chama-se direito de habitação.

Artigo 1485.º
(Constituição, extinção e regime)

Os direitos de uso e de habitação constituem-se e extinguem-se pelos mesmos modos que o usufruto, sem prejuízo do disposto na alínea b) do artigo 1293.º, e são igualmente regulados pelo seu título constitutivo; na falta ou insuficiência deste, observar-se-ão as disposições seguintes.

Artigo 1486.º
(Fixação das necessidades pessoais)

As necessidades pessoais do usuário ou do morador usuário são fixadas segundo a sua condição social.

Artigo 1487.º
(Âmbito da família)

Na família do usuário ou do morador usuário compreendem-se apenas o cônjuge, não separado judicialmente de pessoas e bens, os filhos solteiros, outros parentes a quem sejam devidos alimentos e as pessoas que, convivendo com o respectivo titular, se encontrem ao seu serviço ou ao serviço das pessoas designadas.

ARTIGO 1488.º
(Intransmissibilidade do direito)

O usuário e o morador usuário não podem trespassar ou locar o seu direito, nem onerá-lo por qualquer modo.

ARTIGO 1489.º
(Obrigações inerentes ao uso e à habitação)

1. Se o usuário consumir todos os frutos do prédio ou ocupar todo o edifício, ficam a seu cargo as reparações ordinárias, as despesas de administração e os impostos e encargos anuais, como se fosse usufrutuário.
2. Se o usuário perceber só parte dos frutos ou ocupar só parte do edifício, contribuirá para as despesas mencionadas no número precedente em proporção da sua fruição.

ARTIGO 1490.º
(Aplicação das normas do usufruto)

São aplicadas aos direitos de uso e de habitação as disposições que regulam o usufruto, quando conformes à natureza daqueles direitos.
(...)

ARTIGO 1548.º
(Constituição por usucapião)

1. As servidões não aparentes não podem ser constituídas por usucapião.
2. Consideram-se não aparentes as servidões que não se revelam por sinais visíveis e permanentes.

Disposições legais aplicáveis do
CÓDIGO DO NOTARIADO

(Aprovado pelo Decreto-Lei n.º 207/95 de 14/08 e actualizado, entre outros, pelo DL 76-A/2006, de 29/04)

Justificações Notariais

Artigo 89.º
Justificação para estabelecimento do trato sucessivo no registo predial

1 – A justificação, para os efeitos do n.º 1 do artigo 116.º do Código do Registo Predial, consiste na declaração, feita pelo interessado, em que este se afirme, com exclusão de outrem, titular do direito que se arroga, especificando a causa da sua aquisição e referindo as razões que o impossibilitam de a comprovar pelos meios normais.

2 – Quando for alegada a usucapião baseada em posse não titulada, devem mencionar-se expressamente as circunstâncias de facto que determinam o início da posse, bem como as que consubstanciam e caracterizam a posse geradora da usucapião.

Artigo 90.º
Justificação para reatamento do trato sucessivo no registo predial

1 – A justificação, para os efeitos do n.º 2 do artigo 116.º do Código do Registo Predial, tem por objecto a dedução do trato sucessivo a partir

do titular da última inscrição, por meio de declarações prestadas pelo justificante.

2 – Na escritura de justificação devem reconstituir-se as sucessivas transmissões, com especificação das suas causas e identificação dos respectivos sujeitos.

3 – Em relação às transmissões a respeito das quais o interessado afirme ser-lhe impossível obter o título, devem indicar-se as razões de que resulte essa impossibilidade.

Artigo 91.º
Justificação para estabelecimento de novo trato sucessivo no registo predial

1 – A justificação, nos termos do n.º 3 do artigo 116.º do Código do Registo Predial, consiste na afirmação, feita pelo interessado, das circunstâncias em que se baseia a aquisição originária, com dedução das transmissões que a tenham antecedido e das subsequentes.

2 – A esta justificação é aplicável o disposto no n.º 2 do artigo 89.º e nos números 2 e 3 do artigo anterior.

Artigo 92.º
Restrições à admissibilidade da justificação

1 – A justificação de direitos que, nos termos da lei fiscal, devam constar da matriz só é admitida em relação aos direitos nela inscritos.

2 – Além do titular da inscrição matricial, tem legitimidade para outorgar como justificante quem dele tiver adquirido, por sucessão ou por acto entre vivos, o direito a que a justificação respeita.

Artigo 93.º
Justificação simultânea

A justificação pode ser feita no próprio título pelo qual se adquire o direito, competindo ao alienante fazer previamente as declarações previstas nos artigos anteriores, se o negócio jurídico for de alienação.

Artigo 94.º
Justificação para fins do registo comercial

1 – A justificação, para os efeitos de registo da transmissão da propriedade ou do usufruto de quotas ou de partes do capital social ou da divisão ou unificação de quotas de sociedades comerciais, ou civis sob forma comercial, tem por objecto a dedução do trato sucessivo a partir da última inscrição, ou o estabelecimento de novo trato sucessivo, por meio de declarações prestadas pelos respectivos gerentes ou administradores da sociedade ou pelos titulares dos respectivos direitos.

2 – A justificação a que se refere o n.º 2 do artigo 141.º do Código das Sociedades Comerciais tem por objecto a declaração de dissolução da sociedade.

3 – À justificação a que se refere o n.º 1 é aplicável o disposto nos números 2 e 3 do artigo 90.º, bem como o disposto no n.º 2 do artigo 89.º, quando for caso disso.

Artigo 95.º
Apreciação das razões invocadas

Compete ao notário decidir se as razões invocadas pelos interessados os impossibilitam de comprovar, pelos meios extrajudiciais normais, os factos que pretendem justificar.

Artigo 96.º
Declarantes

1 – As declarações prestadas pelo justificante são confirmadas por três declarantes.

2 – É aplicável aos declarantes o disposto no artigo 84.º

Artigo 97.º
Advertência

Os outorgantes são advertidos de que incorrem nas penas aplicáveis ao crime de falsas declarações perante oficial público se, dolosamente e em prejuízo de outrem, prestarem ou confirmarem declarações falsas, devendo a advertência constar da escritura.

ARTIGO 98.º

Documentos

1 – A escritura de justificação para fins do registo predial é instruída com os seguintes documentos:

a) Certidão comprovativa da omissão dos prédios no registo predial ou, estando descritos, certidão de teor da respectiva descrição e de todas as inscrições em vigor;
b) Certidão de teor da correspondente inscrição matricial;

2 – As certidões previstas no número anterior são passadas com antecedência não superior a três meses e, sendo de teor, podem ser substituídas pela exibição do título de registo e caderneta predial, desde que tais documentos se mostrem conferidos dentro do prazo fixado para a validade das certidões.

3 – Se a justificação se destinar ao reatamento ou estabelecimento de novo trato sucessivo são ainda exibidos os documentos comprovativos das transmissões anteriores e subsequentes ao facto justificado, se não se afirmar a impossibilidade de os obter.

4 – A escritura de justificação para fins do registo comercial é instruída com certidão de teor da matrícula da sociedade e das respectivas inscrições em vigor, devendo, ainda, ser exibidos os documentos referenciados no número anterior.

ARTIGO 99.º

Notificação prévia

1 – No caso de estabelecimento de novo trato sucessivo ou de reatamento, quando se verificar a falta de título em que tenha intervindo o titular inscrito, a escritura não pode ser lavrada sem a sua prévia notificação judicial avulsa, promovida pelo interessado.

2 – No respectivo despacho, o juiz ordena desde logo a notificação edital do titular inscrito ou dos herdeiros, independentemente de habilitação, para o caso de se verificar a sua ausência ou falecimento.

3 – Da escritura deve constar a menção de que a notificação foi efectuada.

Artigo 100.º
Publicidade

1 – A escritura de justificação é publicada por meio de extracto do seu conteúdo, a passar no prazo de cinco dias a contar da sua celebração.

2 – A publicação é feita num dos jornais mais lidos do concelho da situação do prédio ou da sede da sociedade, ou, se aí não houver jornal, num dos jornais mais lidos da região.

Artigo 101.º
Impugnação

1 – Se algum interessado impugnar em juízo o facto justificado deve requerer simultaneamente ao tribunal a imediata comunicação ao notário da pendência da acção.

2 – Só podem ser passadas certidões de escritura de justificação decorridos 30 dias sobre a data em que o extracto for publicado, se dentro desse prazo não for recebida comunicação da pendência da impugnação.

3 – O disposto no número anterior não prejudica a passagem de certidão para efeito de impugnação, menção que da mesma deve constar expressamente.

4 – Em caso de impugnação, as certidões só podem ser passadas depois de averbada a decisão definitiva da acção.

5 – No caso de justificação simultânea, nos termos do artigo 93.º, não podem ser extraídas quaisquer certidões da escritura sem observância do prazo e das condições referidos nos números anteriores.

CÓDIGO DO REGISTO PREDIAL[140]

---

[140] Republicação do Decreto-Lei n.º 224/84, de 6 de Julho, pelas alterações introduzidas pelo DL 116/2008, de 4/7, entrado em vigor no dia 21 de Julho de 2008. Entrando, porém, em vigor no dia 1 de Janeiro de 2009: a) O artigo 1.º, na parte em que altera os n.os 2 e 4 do artigo 31.º, o n.º 2 do artigo 33.º e os n.os 5 e 6 do artigo 43.º do Código do Registo Predial; b) O artigo 9.º, na parte em que altera os n.os 4 e 5 do artigo 32.º do Código do Registo Comercial; c) O artigo 17.º, na parte em que altera o artigo 5.º do Decreto-Lei n.º 519 -F2/79, de 29 de Dezembro; e d) O artigo 18.º, na parte em que adita o artigo 6.º-A ao Decreto-Lei n.º 519-F2/79, de 29 de Dezembro. Entrando igualmente em vigor no dia 1 de Janeiro de 2009 as disposições do presente decreto-lei que permitem e regulam a realização, por documento particular autenticado, dos actos que importem reconhecimento, constituição, aquisição, modificação, divisão ou extinção dos direitos de propriedade, usufruto, uso e habitação, superfície ou servidão sobre coisas imóveis ou outros equivalentes, incluindo: a) O artigo 2.º na parte em que adita a alínea b) do n.º 1 do artigo 8.º-B e o n.º 7 do artigo 8.º-C; b) Os artigos 4.º a 7.º; c) O artigo 8.º na parte em que altera os artigos 62.º e 80.º do Código do Notariado; d) Os artigos 12.º a 14.º; e) O artigo 20.º na parte em que altera os n.os 2.2, 2.4, 2.6, 2.10 e 2.13 do artigo 21.º do Regulamento Emolumentar dos Registos e do Notariado; e f) Os artigos 22.º a 25.º.

TÍTULO I
Da natureza e valor do registo

CAPÍTULO I
Objecto e efeitos do registo

Secção I
Disposições fundamentais

Artigo 1.º
Fins do registo

O registo predial destina-se essencialmente a dar publicidade à situação jurídica dos prédios, tendo em vista a segurança do comércio jurídico imobiliário.

Artigo 2.º
Factos sujeitos a registo

1 – Estão sujeitos a registo:

a) Os factos jurídicos que determinem a constituição, o reconhecimento, a aquisição ou a modificação dos direitos de propriedade, usufruto, uso e habitação, superfície ou servidão;

b) Os factos jurídicos que determinem a constituição ou a modificação da propriedade horizontal e do direito de habitação periódica;

c) Os factos jurídicos confirmativos de convenções anuláveis ou resolúveis que tenham por objecto os direitos mencionados na alínea *a*);

d) As operações de transformação fundiária resultantes de loteamento, de estruturação de compropriedade e de reparcelamento, bem como as respectivas alterações;
e) A mera posse;
f) A promessa de alienação ou oneração, os pactos de preferência e a disposição testamentária de preferência, se lhes tiver sido atribuída eficácia real, bem como a cessão da posição contratual emergente desses factos;
g) A cessão de bens aos credores;
h) A hipoteca, a sua cessão ou modificação, a cessão do grau de prioridade do respectivo registo e a consignação de rendimentos;
i) A transmissão de créditos garantidos por hipoteca ou consignação de rendimentos, quando importe transmissão de garantia;
j) A afectação de imóveis ao caucionamento das reservas técnicas das companhias de seguros, bem como ao caucionamento da responsabilidade das entidades patronais;
l) A locação financeira e as suas transmissões;
m) O arrendamento por mais de seis anos e as suas transmissões ou sublocações, exceptuado o arrendamento rural;
n) A penhora e a declaração de insolvência;
o) O penhor, a penhora, o arresto e o arrolamento de créditos garantidos por hipoteca ou consignação de rendimentos e quaisquer outros actos ou providências que incidam sobre os mesmos créditos;
p) A constituição do apanágio e as suas alterações;
q) O ónus de eventual redução das doações sujeitas a colação;
r) O ónus de casa de renda limitada ou de renda económica sobre os prédios assim classificados;
s) O ónus de pagamento das anuidades previstas nos casos de obras de fomento agrícola;
t) A renúncia à indemnização, em caso de eventual expropriação, pelo aumento do valor resultante de obras realizadas em imóveis situados nas zonas marginais das estradas nacionais ou abrangidos por planos de melhoramentos municipais;
u) Quaisquer outras restrições ao direito de propriedade, quaisquer outros encargos e quaisquer outros factos sujeitos por lei a registo;
v) A concessão em bens do domínio público e as suas transmissões, quando sobre o direito concedido se pretenda registar hipoteca;

x) Os factos jurídicos que importem a extinção de direitos, ónus ou encargos registados;
z) O título constitutivo do empreendimento turístico e suas alterações.

2 – O disposto na alínea *a*) do número anterior não abrange a comunicabilidade de bens resultante do regime matrimonial.

Artigo 3.º
Acções, decisões, procedimentos e providências sujeitos a registo

1 – Estão igualmente sujeitos a registo:

a) As acções que tenham por fim, principal ou acessório, o reconhecimento, a constituição, a modificação ou a extinção de algum dos direitos referidos no artigo anterior, bem como as acções de impugnação pauliana;
b) As acções que tenham por fim, principal ou acessório, a reforma, a declaração de nulidade ou a anulação de um registo ou do seu cancelamento;
c) As decisões finais das acções referidas nas alíneas anteriores, logo que transitem em julgado;
d) Os procedimentos que tenham por fim o decretamento do arresto e do arrolamento, bem como de quaisquer outras providências que afectem a livre disposição de bens;
e) As providências decretadas nos procedimentos referidos na alínea anterior.

2 – (Revogado.)
3 – (Revogado.)

Artigo 4.º
Eficácia entre as partes

1 – Os factos sujeitos a registo, ainda que não registados, podem ser invocados entre as próprias partes ou seus herdeiros.

2 – Exceptuam-se os factos constitutivos de hipoteca cuja eficácia, entre as próprias partes, depende da realização do registo.

ARTIGO 5.º

Oponibilidade a terceiros

1 – Os factos sujeitos a registo só produzem efeitos contra terceiros depois da data do respectivo registo.

2 – Exceptuam-se do disposto no número anterior:

a) A aquisição, fundada na usucapião, dos direitos referidos na alínea a) do n.º 1 do artigo 2.º;
b) As servidões aparentes;
c) Os factos relativos a bens indeterminados, enquanto estes não forem devidamente especificados e determinados.

3 – A falta de registo não pode ser oposta aos interessados por quem esteja obrigado a promovê-lo, nem pelos herdeiros destes.

4 – Terceiros, para efeitos de registo, são aqueles que tenham adquirido de um autor comum direitos incompatíveis entre si.

5 – Não é oponível a terceiros a duração superior a seis anos do arrendamento não registado.

ARTIGO 6.º

Prioridade do registo

1 – O direito inscrito em primeiro lugar prevalece sobre os que se lhe seguirem relativamente aos mesmos bens, por ordem da data dos registos e, dentro da mesma data, pela ordem temporal das apresentações correspondentes.

2 – Exceptuam-se da parte final do número anterior as inscrições hipotecárias da mesma data, que concorrem entre si na proporção dos respectivos créditos.

3 – O registo convertido em definitivo conserva a prioridade que tinha como provisório.

4 – Em caso de recusa, o registo feito na sequência de recurso julgado procedente conserva a prioridade correspondente à apresentação do acto recusado.

ARTIGO 7.º

Presunções derivadas do registo

O registo definitivo constitui presunção de que o direito existe e pertence ao titular inscrito, nos precisos termos em que o registo o define.

ARTIGO 8.º

Impugnação dos factos registados

1 – A impugnação judicial de factos registados faz presumir o pedido de cancelamento do respectivo registo.
2 – (Revogado.)

ARTIGO 8.º-A

Obrigatoriedade do registo

1 – É obrigatório submeter a registo:

a) Os factos referidos no artigo 2.º, excepto:

   i) Quando devam ingressar provisoriamente por natureza no registo, nos termos do n.º 1 do artigo 92.º;
   ii) Quando se trate de aquisição sem determinação de parte ou direito;
   iii) Aqueles que incidam sobre direitos de algum ou alguns dos titulares da inscrição de bens integrados em herança indivisa;

b) As acções, decisões e providências, referidas no artigo 3.º, salvo as acções de impugnação pauliana e os procedimentos mencionados na alínea d) do n.º 1 do mesmo artigo;
c) As alterações aos elementos da descrição que devam ser comunicados por entidades públicas.

2 – O registo da providência cautelar não é obrigatório se já se encontrar pedido o registo da acção principal.

ARTIGO 8.º -B

Sujeitos da obrigação de registar

1 – Devem promover o registo de factos obrigatoriamente a ele sujeitos as seguintes entidades:

a) As entidades públicas que intervenham como sujeitos activos ou que pratiquem actos que impliquem alterações aos elementos da descrição para os efeitos previstos no n.º 1 do artigo 90.º;
b) As entidades que celebrem a escritura pública, autentiquem os documentos particulares ou reconheçam as assinaturas neles apostas;
c) As instituições de crédito e as sociedades financeiras quando intervenham como sujeitos activos;
d) As entidades públicas que intervenham como sujeitos passivos;
e) As instituições de crédito e as sociedades financeiras quando intervenham como sujeitos passivos;
f) As demais entidades que sejam sujeitos activos do facto sujeito a registo.

2 – No caso de, em resultado da aplicação das alíneas do número anterior, deverem estar obrigadas a promover o registo do mesmo facto a mais de uma entidade, a obrigação de registar compete apenas àquela que figurar em primeiro lugar na ordem ali estabelecida.

3 – Estão ainda obrigados a promover o registo:

a) Os tribunais no que respeita às acções, decisões e outros procedimentos e providências judiciais;
b) O Ministério Público quando, em processo de inventário, for adjudicado a incapaz ou ausente em parte incerta qualquer direito sobre imóveis;
c) Os agentes de execução quanto ao registo das penhoras e os administradores da insolvência quanto ao registo da respectiva declaração.

4 – No caso das entidades referidas nas alíneas c) e e) do n.º 1, a obrigatoriedade de promover o registo estende-se a todos os factos constantes do mesmo título.

5 – A obrigação de pedir o registo cessa no caso de este se mostrar promovido por qualquer outra entidade que tenha legitimidade.

Artigo 8.º-C

Prazos para promover o registo

1 – Salvo o disposto nos números seguintes ou disposição legal em contrário, o registo deve ser pedido no prazo de 30 dias a contar da data em que tiverem sido titulados os factos ou da data do pagamento das obrigações fiscais quando este deva ocorrer depois da titulação.

2 – O registo das acções referidas nas alíneas *a*) e *b*) do n.º 1 do artigo 3.º, sujeitas a registo obrigatório, deve ser pedido até ao termo do prazo de 10 dias após a data da audiência de julgamento.

3 – O registo das decisões finais proferidas nas acções referidas no número anterior deve ser pedido no prazo de 10 dias a contar do respectivo trânsito em julgado.

4 – O registo das providências decretadas nos procedimentos referidos na alínea *d*) do artigo 3.º deve ser pedido no prazo de 10 dias a contar da data em que tiverem sido efectuadas.

5 – As entidades referidas na alínea *a*) do n.º 1 do artigo anterior devem promover o registo dos actos referidos na parte final do mesmo número, através de comunicação efectuada no prazo de 10 dias após a prática do acto.

6 – Nos casos previstos nas alíneas *b*) a *e*) do n.º 1 e na alínea *b*) do n.º 3 do artigo anterior, o registo deve ser promovido no prazo de 10 dias a contar da data da titulação dos factos.

7 – Os factos sujeitos a registo titulados por documento particular autenticado em serviço de registo competente são imediatamente apresentados.

Artigo 8.º-D

Incumprimento da obrigação de registar

1 – As entidades que, estando obrigadas a promover o registo, não o façam nos prazos referidos no artigo anterior devem entregar o emolumento em dobro.

2 – O disposto no número anterior não se aplica aos tribunais e ao Ministério Público.

3 – A responsabilidade pelo agravamento do emolumento previsto no n.º 1 recai sobre a entidade que está obrigada a promover o registo e não sobre aquela que é responsável pelo pagamento do emolumento, nos termos do n.º 2 do artigo 151.º

Artigo 9.º
Legitimação de direitos sobre imóveis

1 – Os factos de que resulte transmissão de direitos ou constituição de encargos sobre imóveis não podem ser titulados sem que os bens estejam definitivamente inscritos a favor da pessoa de quem se adquire o direito ou contra a qual se constitui o encargo.

2 – Exceptuam-se do disposto no número anterior:

a) A partilha, a expropriação, a venda executiva, a penhora, o arresto, a declaração de insolvência e outras providências que afectem a livre disposição dos imóveis;
b) Os actos de transmissão ou oneração praticados por quem tenha adquirido no mesmo dia os bens transmitidos ou onerados;
c) Os casos de urgência devidamente justificada por perigo de vida dos outorgantes.

3 – Tratando-se de prédio situado em área onde não tenha vigorado o registo obrigatório, o primeiro acto de transmissão posterior a 1 de Outubro de 1984 pode ser titulado sem a exigência prevista no n.º 1, se for exibido documento comprovativo, ou feita justificação simultânea, do direito da pessoa de quem se adquire.

Secção II
Cessação dos efeitos do registo

Artigo 10.º
Transferência e extinção

Os efeitos do registo transferem-se mediante novo registo e extinguem-se por caducidade ou cancelamento.

Artigo 11.º
Caducidade

1 – Os registos caducam por força da lei ou pelo decurso do prazo de duração do negócio.

2 – Os registos provisórios caducam se não forem convertidos em definitivos ou renovados dentro do prazo da respectiva vigência.

3 – É de seis meses o prazo de vigência do registo provisório, salvo disposição em contrário.

4 – A caducidade deve ser anotada ao registo, logo que verificada.

Artigo 12.º
Prazos especiais de caducidade

1 – Caducam decorridos 10 anos sobre a sua data os registos de hipoteca judicial de qualquer valor e os registos de hipoteca voluntária ou legal, de penhor e de consignação de rendimentos, de valor não superior a € 5000.

2 – O valor referido no número anterior pode ser actualizado por portaria do Ministro da Justiça.

3 – O registo de renúncia à indemnização por aumento do valor e o do ónus de eventual redução das doações sujeitas a colação caducam decorridos 20 anos, contados, respectivamente, a partir da data do registo e da morte do doador.

4 – Os registos de servidão, de usufruto, uso e habitação e de hipoteca para garantia de pensões periódicas caducam decorridos 50 anos, contados a partir da data do registo.

5 – Os registos referidos nos números anteriores podem ser renovados por períodos de igual duração, a pedido dos interessados.

Artigo 13.º
Cancelamento

Os registos são cancelados com base na extinção dos direitos, ónus ou encargos neles definidos, em execução de decisão administrativa, nos casos previstos na lei, ou de decisão judicial transitada em julgado.

CAPÍTULO II
Vícios do registo

Artigo 14.º
Causas da inexistência

O registo é juridicamente inexistente:

a) (Revogada.)
b) Quando for insuprível a falta de assinatura do registo.

Artigo 15.º
Regime da inexistência

1 – O registo juridicamente inexistente não produz quaisquer efeitos.
2 – A inexistência pode ser invocada por qualquer pessoa, a todo o tempo, independentemente de declaração judicial.
3 – (Revogado.)

Artigo 16.º
Causas de nulidade

O registo é nulo:

a) Quando for falso ou tiver sido lavrado com base em títulos falsos;
b) Quando tiver sido lavrado com base em títulos insuficientes para a prova legal do facto registado;
c) Quando enfermar de omissões ou inexactidões de que resulte incerteza acerca dos sujeitos ou do objecto da relação jurídica a que o facto registado se refere;
d) Quando tiver sido efectuado por serviço de registo incompetente ou assinado por pessoa sem competência, salvo o disposto no n.º 2 do artigo 369.º do Código Civil e não possa ser confirmado nos termos do disposto no artigo seguinte;
e) Quando tiver sido lavrado sem apresentação prévia ou com violação do princípio do trato sucessivo.

Artigo 16.º-A
Confirmação

1 – Os registos efectuados por serviço de registo incompetente ou assinados por pessoa sem competência devem ser conferidos com os respectivos documentos para se verificar se podiam ser efectuados, aplicando-se com as devidas adaptações os n.os 2 e 3 do artigo 78.º
2 – Se se concluir que o registo podia ter sido efectuado, este é confirmado com menção da data.
3 – No caso de se concluir que o registo não podia ter sido efectuado, deve ser instaurado, oficiosamente, processo de rectificação com vista ao seu cancelamento.

Artigo 17.º
Declaração da nulidade

1 – A nulidade do registo só pode ser invocada depois de declarada por decisão judicial com trânsito em julgado.

2 – A declaração de nulidade do registo não prejudica os direitos adquiridos a título oneroso por terceiro de boa fé, se o registo dos correspondentes factos for anterior ao registo da acção de nulidade.

Artigo 18.º
Inexactidão do registo

1 – O registo é inexacto quando se mostre lavrado em desconformidade com o título que lhe serviu de base ou enferme de deficiências provenientes desse título que não sejam causa de nulidade.

2 – Os registos inexactos são rectificados nos termos dos artigos 120.º e seguintes.

TÍTULO II
Da organização do registo

CAPÍTULO I
Competência territorial

Artigo 19.º
Regras de competência

(Revogado.)

Artigo 20.º
Alteração da área da conservatória

(Revogado.)

Artigo 21.º
Transferência dos registos

(Revogado.)

CAPÍTULO II
Suportes documentais e arquivo

Artigo 22.º
Diário e fichas

Existem nos serviços de registo:

a) Um diário, em suporte informático, destinado à anotação cronológica dos pedidos de registo e respectivos documentos;
b) Fichas de registo, em suporte informático, destinadas a descrições, inscrições, averbamentos e anotações.

Artigo 23.º
Ordenação das fichas

As fichas de registo são ordenadas por freguesias e, dentro de cada uma delas, pelos respectivos números de descrição.

Artigo 24.º
Verbetes reais e pessoais

1 – Para efeitos de busca, haverá em cada conservatória um ficheiro real e um ficheiro pessoal.

2 – O ficheiro real é constituído por verbetes indicadores dos prédios, ordenados por freguesias nos seguintes termos:

a) Prédios urbanos, por ruas e números de polícia;
b) Prédios urbanos, por artigos de matriz;
c) Prédios rústicos, por artigos de matriz precedidos das respectivas secções, sendo cadastrais.

3 – O ficheiro pessoal é constituído por verbetes indicadores dos proprietários ou possuidores dos prédios, ordenados alfabeticamente.

Artigo 25.º
Preenchimento dos verbetes

(Revogado.)

Artigo 26.º
Arquivo de documentos

1 – Ficam arquivados pela ordem das apresentações os documentos que serviram de base à realização dos registos, bem como o comprovativo do pedido.

2 – Se as condições técnicas permitirem o seu arquivo em suporte electrónico, os documentos que basearam actos de registo, bem como as certidões que contenham elementos que possam ser recolhidos por acesso às respectivas bases de dados, são restituídos aos interessados.

3 – Por despacho do presidente do Instituto dos Registos e do Notariado, I. P., pode ser determinado o arquivo dos documentos em suporte electrónico.

4 – Os documentos arquivados em suporte electrónico referidos no número anterior têm a força probatória dos originais.

Artigo 27.º
Documentos provisoriamente arquivados

1 – Enquanto as condições técnicas não permitirem o seu arquivo electrónico, os documentos respeitantes a actos recusados permanecem no serviço de registo quando tenha sido interposto recurso hierárquico ou impugnação judicial ou enquanto o prazo para a sua interposição não tiver expirado.

2 – (Revogado.)

CAPÍTULO III
Referências matriciais e toponímicas

SECÇÃO I
Conjugação do registo, das matrizes prediais e dos títulos

ARTIGO 28.º
Harmonização

1 – Sem prejuízo do disposto no número seguinte, deve haver harmonização, quanto à localização, à área e ao artigo da matriz, entre a descrição e a inscrição matricial ou o pedido de rectificação ou alteração desta.

2 – Na descrição dos prédios urbanos e dos prédios rústicos ainda não submetidos ao cadastro geométrico, a exigência de harmonização é limitada aos artigos matriciais e à área dos prédios.

3 – Nos títulos respeitantes a factos sujeitos a registo deve haver harmonização com a matriz, nos termos dos n.ºs 1 e 2, e com a respectiva descrição, salvo se quanto a esta os interessados esclarecerem que a divergência resulta de alteração superveniente ou de simples erro de medição.

ARTIGO 28.º -A
Dispensa de harmonização

Caso exista diferença, quanto à área, entre a descrição e a inscrição matricial ou, tratando-se de prédio não descrito, entre o título e a inscrição matricial, é dispensada a harmonização se a diferença não exceder, em relação à área maior:

a) 20 %, nos prédios rústicos não submetidos ao cadastro geométrico;
b) 5 %, nos prédios rústicos submetidos ao cadastro geométrico;
c) 10 %, nos prédios urbanos ou terrenos para construção.

ARTIGO 28.º-B
Abertura ou actualização da descrição

1 – A área constante da descrição predial pode ser actualizada, no limite das percentagens fixadas no artigo 28.º-A, se o proprietário inscrito declarar que a área correcta é a que consta da matriz.

2 – Se estiver em causa um prédio não descrito, aplica-se o disposto no número anterior, descrevendo-se o prédio com a área constante da matriz, se o interessado declarar que é essa a área correcta.

3 – O recurso à faculdade para proceder à actualização da descrição ou à sua abertura, prevista nos números anteriores, apenas pode ser efectuado uma única vez.

4 – O exercício da faculdade prevista no número anterior deve ser mencionado na descrição.

Artigo 28.º-C

Erro de medição

1 – Quando exista divergência de área, entre a descrição e o título, no limite das percentagens previstas no artigo 28.º-A, e não tenha havido recurso à faculdade prevista no artigo anterior, a actualização da descrição pode ser efectuada se o proprietário inscrito esclarecer que a divergência provém de simples erro de medição.

2 – Quando exista divergência de área, entre a descrição e o título, em percentagens superiores às previstas no artigo 28.º-A, a actualização da descrição é feita nos seguintes termos:

 a) Na matriz cadastral, o erro de medição é comprovado com base na informação da inscrição matricial donde conste a rectificação da área e em declaração que confirme que a configuração geométrica do prédio não sofreu alteração;
 b) Na matriz não cadastral, o erro a que se refere a alínea anterior é comprovado pela apresentação dos seguintes documentos:

   i) Planta do prédio elaborada por técnico habilitado e declaração do titular de que não ocorreu alteração na configuração do prédio; ou
   ii) Planta do prédio e declaração dos confinantes de que não ocorreu alteração na configuração do prédio.

3 – A assinatura de qualquer proprietário confinante pode ser suprida pela sua notificação judicial, desde que não seja deduzida oposição no prazo de 15 dias.

ARTIGO 29.º
Alterações matriciais

1 – Quando ocorra substituição das matrizes, os serviços de finanças devem comunicar aos serviços de registo, sempre que possível por via electrónica, a correspondência entre os artigos matriciais relativos a todos os prédios do concelho ou de uma ou mais freguesias.

2 – Nos casos em que for comunicada, oficiosamente ou a pedido dos serviços de registo, a impossibilidade de estabelecer a correspondência matricial e a mesma não resultar dos documentos apresentados, pode esta ser suprida por declaração complementar dos interessados que indique expressamente o artigo da matriz em vigor.

ARTIGO 30.º
Identificação dos prédios nos títulos

(Revogado.)

ARTIGO 31.º
Prova da situação matricial

1 – Para a realização de actos de registo deve ser feita prova da inscrição na matriz, da declaração para inscrição, quando devida, se o prédio estiver omisso, ou da pendência de pedido de alteração ou rectificação.

2 – A prova referida no número anterior deve ser obtida pelo serviço de registo mediante acesso directo à informação constante da base de dados das entidades competentes, ou, em caso de impossibilidade, por solicitação oficiosa e gratuita do documento às referidas entidades.

3 – Se a declaração para inscrição na matriz ou o pedido da sua alteração ou rectificação não tiverem sido feitos pelo proprietário ou possuidor, deve ser obtida prova, nos termos previstos no número anterior, de que o interessado, sendo terceiro, deu conhecimento às entidades competentes da omissão, alteração ou erro existente.

4 – A declaração para inscrição na matriz, ou o pedido da sua alteração ou rectificação, pode ser feita pelos serviços de registo, a pedido do interessado e de acordo com as declarações por ele prestadas.

5 – A prova exigida no n.º 1 é dispensada para os cancelamentos de registos e ainda se já tiver sido feita perante serviço de registo ou no acto sujeito a registo há menos de um ano.

Artigo 32.º
Prédios omissos na matriz ou pendentes de alteração

(Revogado.)

Secção II
Alterações toponímicas

Artigo 33.º
**Denominação das vias públicas
e numeração policial**

1 – As câmaras municipais comunicam, sempre que possível por via electrónica e automática, aos serviços de registo, até ao último dia de cada mês, todas as alterações de denominações de vias públicas e de numeração policial dos prédios verificadas no mês anterior, no caso de essa informação não estar disponível nas respectivas bases de dados.

2 – A prova da correspondência entre a antiga e a nova denominação ou numeração, se não puder ser obtida nos termos do número anterior, nem resultar dos documentos apresentados, considera-se suprida por declaração complementar dos interessados, quando a câmara municipal, a pedido do serviço de registo, comunicar a impossibilidade de a estabelecer.

3 – (Revogado.)

TÍTULO III
Do processo de registo

CAPÍTULO I
Pressupostos

Secção I
Inscrição prévia e continuidade das inscrições

Artigo 34.º
Princípio do trato sucessivo

1 – O registo definitivo de constituição de encargos por negócio jurídico depende da prévia inscrição dos bens em nome de quem os onera.

2 – O registo definitivo de aquisição de direitos depende da prévia inscrição dos bens em nome de quem os transmite, quando o documento comprovativo do direito do transmitente não tiver sido apresentado perante o serviço de registo.

3 – A inscrição prévia referida no número anterior é sempre dispensada no registo de aquisição com base em partilha.

4 – No caso de existir sobre os bens registo de aquisição ou reconhecimento de direito susceptível de ser transmitido ou de mera posse, é necessária a intervenção do respectivo titular para poder ser lavrada nova inscrição definitiva, salvo se o facto for consequência de outro anteriormente inscrito.

Artigo 35.º
Dispensa de inscrição intermédia

É dispensada a inscrição intermédia em nome dos titulares de bens ou direitos que façam parte de herança indivisa.

Secção II
Legitimidade e representação

Artigo 36.º
Regra geral de legitimidade

Têm legitimidade para pedir o registo os sujeitos, activos ou passivos, da respectiva relação jurídica e, em geral, todas as pessoas que nele tenham interesse ou que estejam obrigadas à sua promoção.

Artigo 37.º
Contitularidade de direitos

1 – O meeiro ou qualquer dos herdeiros pode pedir, a favor de todos os titulares, o registo de aquisição de bens e direitos que façam parte de herança indivisa.

2 – Qualquer comproprietário ou compossuidor pode pedir, a favor de qualquer dos demais titulares, o registo de aquisição dos respectivos bens ou direitos.

Artigo 38.º
Averbamentos às descrições

1 – Salvo quando se trate de factos que constem de documento oficial, os averbamentos às descrições só podem ser pedidos:

a) Pelo proprietário ou possuidor definitivamente inscrito ou com a sua intervenção;
b) Por qualquer interessado inscrito ou com a sua intervenção, não havendo proprietário ou possuidor inscrito;
c) Por qualquer interessado inscrito que tenha requerido a notificação judicial do proprietário ou possuidor inscrito, não havendo oposição deste no prazo de 15 dias.

2 – A intervenção referida nas alíneas *a)* e *b)* do número anterior tem-se por verificada desde que os interessados tenham intervindo nos respectivos títulos ou processos.

3 – (Revogado.)

4 – A oposição referida na alínea *c*) do n.º 1 é anotada à descrição mediante apresentação de requerimento do proprietário ou possuidor inscrito.

Artigo 39.º
Representação

1 – O registo pode ser pedido por mandatário com procuração que lhe confira poderes especiais para o acto.

2 – Não carecem de procuração para pedir o registo:

a) Aqueles que tenham poderes de representação para intervir no respectivo título, nos quais se haverão como compreendidos os necessários às declarações complementares relativas à identificação do prédio;
b) Os advogados, os notários e os solicitadores.

3 – Sem prejuízo do disposto na alínea a), o número anterior não se aplica aos pedidos de averbamento à descrição de factos que não constem de documento oficial.

4 – A representação abrange sempre a faculdade de requerer urgência na realização do registo, subsiste até à feitura do registo e implica a responsabilidade solidária do representante no pagamento dos respectivos encargos.

Artigo 40.º
Casos especiais

(Revogado.)

CAPÍTULO II
Pedido de registo

Artigo 41.º
Princípio da instância

O registo efectua-se mediante pedido de quem tenha legitimidade, salvo os casos de oficiosidade previstos na lei.

ARTIGO 41.º-A

Apresentação por notário

(Revogado.)

ARTIGO 41.º-B

Modalidades do pedido

O pedido de registo pode ser efectuado pessoalmente, por via electrónica, pelo correio, por telecópia e por via imediata.

ARTIGO 41.º-C

Pedido de registo por via electrónica e por telecópia

1 – O pedido de registo por via electrónica é regulamentado por portaria do membro do Governo responsável pela área da justiça.

2 – Fora dos casos especialmente previstos, os advogados, os notários, os solicitadores e as câmaras de comércio e indústria podem enviar o pedido de registo por telecópia, nos termos de portaria do membro do Governo responsável pela área da justiça.

ARTIGO 41.º-D

Pedido de registo pelo correio

O pedido de registo pode ser remetido por carta registada, acompanhado dos documentos e das quantias que se mostrem devidas ou do comprovativo do pagamento em termos a definir por portaria do membro do Governo responsável pela área da justiça.

ARTIGO 41.º-E

Apresentação por via imediata

1 – O pedido de registo e os respectivos documentos podem ser apresentados no serviço de registo mediante depósito imediato, em envelope.

2 – Às apresentações por via imediata aplicam-se as regras do pedido por correio, com as necessárias adaptações.

ARTIGO 42.º
Elementos do pedido

1 – O pedido de registo deve conter a identificação do apresentante, a indicação dos factos e dos prédios a que respeita, bem como a relação dos documentos que o instruem, nos termos a definir por portaria do membro do Governo responsável pela área da justiça.
2 – (Revogado.)
3 – (Revogado.)
4 – (Revogado.)
5 – (Revogado.)
6 – Tratando-se de prédio não descrito, deve indicar-se em declaração complementar o nome, estado e residência dos proprietários ou possuidores imediatamente anteriores ao transmitente, salvo se o apresentante alegar na declaração as razões justificativas do seu desconhecimento.
7 – Se o registo recair sobre quota-parte de prédio indiviso, não descrito, deve declarar-se complementarmente o nome, o estado e a residência de todos os comproprietários.
8 – (Revogado.)

ARTIGO 42.º-A
Pedido efectuado por comunicação

O pedido efectuado pelas entidades referidas nas alíneas *a)* e *d)* do n.º 1 e no n.º 3 do artigo 8.º-B deve ser preferencialmente comunicado por via electrónica e acompanhado dos documentos necessários ao registo, bem como das quantias que se mostrem devidas.

CAPÍTULO III
Documentos

SECÇÃO I
Disposições gerais

ARTIGO 43.º
Prova documental

1 – Só podem ser registados os factos constantes de documentos que legalmente os comprovem.

2 – Os documentos arquivados são utilizados para a realização de novo registo sempre que referenciados e novamente anotados no diário.

3 – Os documentos escritos em língua estrangeira só podem ser aceites quando traduzidos nos termos da lei, salvo se estiverem redigidos em língua inglesa, francesa ou espanhola e o funcionário competente dominar essa língua.

4 – (Revogado.)

5 – Os documentos arquivados nos serviços da Administração Pública podem ser utilizados para a realização de registos, devendo tais documentos ser referenciados no pedido.

6 – Para efeitos do disposto no número anterior, o serviço de registo é reembolsado pelo apresentante das despesas resultantes dos pagamentos devidos às entidades referidas naquele mesmo número.

Artigo 44.º
Menções obrigatórias

1 – Dos actos notariais, processuais ou outros que contenham factos sujeitos a registo devem constar:

a) A identidade dos sujeitos, nos termos da alínea e) do n.º 1 do artigo 93.º;
b) O número da descrição dos prédios ou as menções necessárias à sua descrição;
c) A indicação do registo prévio a que se refere o n.º 1 do artigo 9.º ou do modo como foi comprovada a urgência prevista na alínea c) do n.º 2 do mesmo artigo;
d) (Revogada.)
e) (Revogada.)
f) (Revogada.)

2 – O documento comprovativo do teor da inscrição matricial deve ter sido emitido com antecedência não superior a um ano.

3 – Se o prédio não estiver descrito, deve ser comprovada essa circunstância por certidão passada pela conservatória com antecedência não superior a três meses.

4 – Da certidão dos actos referidos no n.º 1, passada para fins de registo, devem constar todos os elementos aí previstos.

Artigo 45.º
Forma das declarações para registo

Salvo disposição em contrário, as declarações para registo, principais ou complementares, devem ser assinadas e datadas e conter a indicação do número, data e entidade emitente do documento de identificação civil ou documento de identificação equivalente do signatário.

Artigo 46.º
Declarações complementares

1 – Além de outros casos previstos, são admitidas declarações complementares dos títulos:

a) Para completa identificação dos sujeitos, sem prejuízo das exigências de prova do estado civil;
b) Para a menção dos elementos que integrem a descrição, quando os títulos forem deficientes, ou para esclarecimento das suas divergências, quando contraditórios, entre si, ou com a descrição, em virtude de alteração superveniente.

2 – Os erros sobre elementos da identificação do prédio de que os títulos enfermem podem ser rectificados por declaração de todos os intervenientes no acto ou dos respectivos herdeiros devidamente habilitados.

Secção II
Casos especiais

Artigo 47.º
Aquisição e hipoteca antes de lavrado o contrato

1 – O registo provisório de aquisição de um direito ou de constituição de hipoteca voluntária, antes de titulado o negócio, é feito com base em declaração do proprietário ou titular do direito.

2 – A assinatura do declarante deve ser reconhecida presencialmente, salvo se for feita perante funcionário dos serviços de registo no momento do pedido.

3 – O registo provisório de aquisição pode também ser feito com base em contrato-promessa de alienação, salvo convenção em contrário.

ARTIGO 48.º
Penhora

1 – Sem prejuízo do disposto quanto às execuções fiscais, o registo da penhora é efectuado com base em comunicação electrónica do agente de execução ou em declaração por ele subscrita.
2 – (Revogado.)
3 – (Revogado.)

ARTIGO 48.º-A
Aquisição por venda em processo judicial

O registo provisório de aquisição por venda em processo judicial é efectuado com base em comunicação electrónica do agente de execução, com indicação da identificação do proponente, remidor ou preferente e dos bens a que respeitam.

ARTIGO 49.º
Aquisição em comunhão hereditária

O registo de aquisição em comum e sem determinação de parte ou direito é feito com base em documento comprovativo da habilitação e, tratando-se de prédio não descrito, em declaração que identifique os bens.

ARTIGO 50.º
Hipoteca legal e judicial

O registo de hipoteca legal ou judicial é feito com base em certidão do título de que resulta a garantia, se o serviço de registo não conseguir aceder à informação necessária por meios electrónicos e, tratando-se de prédio não descrito, em declaração que identifique os bens.

ARTIGO 51.º
Afectação de imóveis

O registo de afectação de imóveis é feito com base em declaração do proprietário ou possuidor inscrito.

ARTIGO 52.º
Renúncia a indemnização

O registo da renúncia a indemnização é feito com base na declaração do proprietário ou possuidor inscrito perante a entidade expropriante.

ARTIGO 53.º
Acções e procedimentos cautelares

1 – O registo provisório de acção e de procedimento cautelar é feito:

a) Com base em certidão de teor do articulado ou em duplicado deste, acompanhado de prova da sua apresentação a juízo; ou
b) Com base em comunicação efectuada pelo tribunal, acompanhada de cópia do articulado.

2 – Se a apresentação for feita pelo mandatário judicial é suficiente a entrega da cópia do articulado e de declaração da sua prévia ou simultânea apresentação em juízo com indicação da respectiva data.

ARTIGO 53.º-A
Decisões judiciais

O registo das decisões a que se refere a alínea *c)* do n.º 1 do artigo 3.º é feito com base em certidão da decisão ou em comunicação efectuada pelo tribunal acompanhada de cópia daquela.

ARTIGO 54.º
Operações de transformação fundiária

Os registos das operações de transformação fundiária e das respectivas alterações são efectuados com base no alvará respectivo, no recibo de admissão de comunicação prévia ou em outro documento que legalmente comprove aqueles factos, com individualização dos lotes ou parcelas.

ARTIGO 55.º
Contrato para pessoa a nomear

1 – A nomeação de terceiro, em contrato para pessoa a nomear, é registada com base no respectivo instrumento de ratificação, acompanhado

de declaração do contraente originário da qual conste que foi validamente comunicada ao outro contraente.

2 – Não tendo sido feita a nomeação nos termos legais, esta circunstância é registada com base em declaração do contraente originário; se houver estipulação que obste à produção dos efeitos do contrato relativamente ao contraente originário, é cancelada a inscrição.

3 – As assinaturas das declarações referidas nos números anteriores devem ser reconhecidas presencialmente, salvo se feitas na presença de funcionário de serviço de registo no momento do pedido.

ARTIGO 56.º
Cancelamento de hipoteca

1 – O cancelamento do registo de hipoteca é feito com base em documento de que conste o consentimento do credor.

2 – O documento referido no número anterior deve conter a assinatura reconhecida presencialmente, salvo se esta for feita na presença de funcionário de serviço de registo no momento do pedido.

ARTIGO 57.º
Cancelamento de hipoteca para garantia de pensões periódicas

A hipoteca para garantia de pensões periódicas é cancelada em face da certidão de óbito do respectivo titular e de algum dos seguintes documentos:

a) Recibos de pagamento das pensões vencidas nos cinco anos anteriores à morte do pensionista;
b) Declaração, assinada pelos herdeiros habilitados do pensionista, de não estar em dívida nenhuma pensão;
c) Certidão, passada pelo tribunal da residência dos devedores, comprovativa de não ter sido distribuído no último decénio processo para cobrança das pensões, se o pensionista tiver morrido há mais de cinco anos.

ARTIGO 58.º
Cancelamento do registo de penhora e providências cautelares

1 – Se o serviço de registo não conseguir aceder à informação necessária por meios electrónicos, o cancelamento dos registos de penhora, arresto e outras providências cautelares, nos casos em que a acção já não esteja pendente, faz-se com base na certidão passada pelo tribunal competente que comprove essa circunstância e a causa, ou ainda, nos processos de execução fiscal, a extinção ou não existência da dívida à Fazenda Pública.

2 – Nos casos em que não tenha ainda ocorrido a apreensão, o registo de penhora é cancelado com base em comunicação electrónica do agente de execução, ou em pedido por ele subscrito, de que conste declaração expressa daquele facto.

3 – Nos casos de adjudicação ou de venda judicial em processo de execução de bens penhorados ou arrestados, só após o registo daqueles factos se podem efectuar os cancelamentos referidos no n.º 1.

ARTIGO 59.º
Cancelamento dos registos provisórios

1 – O cancelamento dos registos provisórios por natureza, de aquisição e de hipoteca voluntária e o cancelamento dos registos provisórios por dúvidas de factos não sujeitos a registo obrigatório são feitos com base em declaração do respectivo titular.

2 – A assinatura do declarante deve ser reconhecida presencialmente, salvo se for feita perante funcionário dos serviços de registo no momento do pedido.

3 – No caso de existirem registos dependentes dos registos referidos no n.º 1 é igualmente necessário o consentimento dos respectivos titulares, prestado em declaração com idêntica formalidade.

4 – O cancelamento do registo provisório de acção e de procedimento cautelar é feito com base em certidão da decisão transitada em julgado que absolva o réu do pedido ou da instância, a julgue extinta ou a declare interrompida, ou em comunicação efectuada pelo tribunal, preferencialmente por via electrónica, acompanhada de cópia daquela decisão e indicação do respectivo trânsito em julgado.

Artigo 59.º-A
Alteração da situação dos prédios

As alterações da situação dos prédios, decorrentes da definição dos limites do concelho ou da freguesia, devem ser comprovadas por comunicação, preferencialmente electrónica e automática, da câmara municipal competente, oficiosamente ou a pedido do serviço de registo.

Artigo 59.º-B
Prédios não descritos

Quando o prédio não estiver descrito deve esta circunstância ser previamente confirmada pelo serviço de registo da área da sua situação, sempre que se pretenda sobre ele registar facto em serviço de registo diverso.

CAPÍTULO IV
Apresentação

Artigo 60.º
Anotação da apresentação

1 – Sem prejuízo do disposto nos números seguintes, os documentos apresentados para registo são anotados no diário pela ordem dos pedidos.

2 – A anotação dos documentos apresentados por via electrónica é fixada pela portaria referida no n.º 1 do artigo 41.º-C.

3 – Os documentos apresentados por telecópia são anotados pela ordem de recepção dos pedidos nos seguintes termos:

a) Imediatamente após a última apresentação pessoal do dia, quando recebidos entre as 0 horas e a hora de encerramento ao público do serviço de registo; ou
b) Imediatamente antes da primeira apresentação pessoal do dia seguinte, quando recebidos entre a hora de encerramento ao público e as 24 horas.

4 – Os documentos apresentados pelo correio ou por via imediata são anotados imediatamente após a última apresentação por telecópia recebida entre as 0 horas e a hora de encerramento ao público do serviço de registo, observando -se o disposto no artigo 63.º, se necessário.

5 – Por cada facto é feita uma anotação distinta no diário, segundo a ordem que no pedido lhe couber.

6 – Para fins de anotação, os averbamentos de anexação ou desanexação necessários à abertura de novas descrições consideram-se como um único facto.

ARTIGO 61.º
Elementos da anotação

1 – A anotação da apresentação deve conter os seguintes elementos:

a) O número de ordem, a data, a hora da apresentação em UTC (Universal Time, Coordinated) e a modalidade do pedido;
b) O nome do apresentante ou o seu cargo, quando se trate de entidade oficial que nessa qualidade formule o pedido de registo;
c) O facto que se pretende registar;
d) O número da descrição ou das descrições a que o facto respeita ou, tratando-se de prédio não descrito, o número da inscrição matricial;
e) A espécie dos documentos e o seu número.

2 – As indicações para a anotação resultam do pedido de registo.

3 – Cada um dos prédios não descritos é identificado pelo número da descrição que lhe vier a corresponder, em anotação complementar, a efectuar automaticamente logo que as condições técnicas o permitam.

4 – (Revogado.)

ARTIGO 62.º
Lançamento da nota nos documentos

(Revogado.)

ARTIGO 63.º
Apresentações simultâneas

1 – Se forem apresentados simultaneamente diversos documentos relativos ao mesmo prédio, as apresentações serão anotadas pela ordem de antiguidade dos factos que se pretendam registar.

2 – Quando os factos tiverem a mesma data, a anotação será feita pela ordem da respectiva dependência ou, sendo independentes entre si, sob o mesmo número de ordem.

Artigo 64.º
Comprovativo da apresentação

Salvo se for efectuado por via electrónica, por cada pedido de registo é emitido um documento comprovativo da apresentação, do qual consta a identificação do apresentante, o número de ordem e a data daquela, o facto, os documentos e as quantias entregues, bem como o pedido de urgência, se for caso disso.

Artigo 65.º
Apresentação pelo correio

(Revogado.)

Artigo 66.º
Rejeição da apresentação

1 – A apresentação deve ser rejeitada apenas nos seguintes casos:

a) (Revogada.)
b) Quando os documentos não respeitarem a actos de registo predial;
c) Quando não tiverem sido indicados no pedido de registo o nome e residência do apresentante e tais elementos não puderem ser recolhidos dos documentos apresentados ou por qualquer outro meio idóneo, designadamente por comunicação com o apresentante;
d) Salvo nos casos de rectificação de registo e de anotação não oficiosa prevista na lei, quando o pedido escrito não for feito no modelo aprovado, se dele não constarem os elementos necessários e a sua omissão não for suprível por qualquer meio idóneo, designadamente por comunicação com o apresentante;
e) Quando não forem pagas as quantias devidas;
f) Quando for possível verificar no momento da apresentação que o facto constante do documento já está registado.

2 – Verificada a existência de causa de rejeição, é feita a apresentação do pedido no diário com os elementos disponíveis.

3 – A rejeição deve ser fundamentada em despacho a notificar ao interessado, para efeitos de impugnação, nos termos do disposto nos artigos 140.º e seguintes, aplicando-se-lhe, com as devidas adaptações, as disposições relativas à recusa.

Artigo 67.º
Encerramento do diário

1 – (Revogado.)
2 – O diário é encerrado após a última anotação do dia ou, não tendo havido apresentações com a anotação dessa circunstância, fazendo-se menção, em qualquer dos casos, da menção da data da feitura do último registo em cada dia.
3 – (Revogado.)
4 – (Revogado.)

CAPÍTULO V
Qualificação do pedido de registo

Artigo 68.º
Princípio da legalidade

A viabilidade do pedido de registo deve ser apreciada em face das disposições legais aplicáveis, dos documentos apresentados e dos registos anteriores, verificando-se especialmente a identidade do prédio, a legitimidade dos interessados, a regularidade formal dos títulos e a validade dos actos neles contidos.

Artigo 69.º
Recusa do registo

1 – O registo deve ser recusado nos seguintes casos:
a) (Revogada.)
b) Quando for manifesto que o facto não está titulado nos documentos apresentados;
c) Quando se verifique que o facto constante do documento já está registado ou não está sujeito a registo;
d) Quando for manifesta a nulidade do facto;
e) Quando o registo já tiver sido lavrado como provisório por dúvidas e estas não se mostrem removidas;
f) (Revogada.)

2 – Além dos casos previstos no número anterior, o registo só pode ser recusado se, por falta de elementos ou pela natureza do acto, não puder ser feito como provisório por dúvidas.

3 – No caso de recusa é anotado na ficha o acto recusado a seguir ao número, data e hora da respectiva apresentação.

Artigo 70.º
Registo provisório por dúvidas

Se as deficiências do processo de registo não forem sanadas nos termos do artigo 73.º, o registo deve ser feito provisoriamente por dúvidas quando existam motivos que obstem ao registo do acto tal como é pedido e que não sejam fundamento de recusa.

Artigo 71.º
Despachos de recusa e provisoriedade

1 – Os despachos de recusa e de provisoriedade por dúvidas devem ser efectuados pela ordem de anotação no diário, salvo quando deva ser aplicado o mecanismo do suprimento de deficiências, nos termos do artigo 73.º, e são notificados ao apresentante nos dois dias seguintes.

2 – Salvo nos casos previstos nas alíneas *a)*, *g)* e *i)* do n.º 1 do artigo 92.º, a qualificação dos registos como provisórios por natureza é notificada aos interessados no prazo previsto no número anterior.

3 – A data da notificação prevista nos números anteriores é anotada na ficha.

Artigo 72.º
Obrigações fiscais

1 – Nenhum acto sujeito a encargos de natureza fiscal pode ser definitivamente registado sem que se mostrem pagos ou assegurados os direitos do fisco.

2 – Não está sujeita à apreciação do conservador ou do oficial de registo a correcção da liquidação de encargos fiscais feita nos serviços de finanças.

3 – O imposto do selo nas transmissões gratuitas considera-se assegurado desde que esteja instaurado o respectivo processo de liquidação e dele conste o prédio a que o registo se refere.

4 – Presume-se assegurado o pagamento dos direitos correspondentes às transmissões operadas em inventário judicial, partilha extrajudicial e escritura de doação, bem como relativamente a qualquer outra transmissão, desde que tenham decorrido os prazos de caducidade da liquidação ou de prescrição previstos nas leis fiscais.

Artigo 73.º
Suprimento de deficiências

1 – Sempre que possível, as deficiências do procedimento de registo devem ser supridas oficiosamente com base nos documentos apresentados ou já existentes no serviço de registo competente ou por acesso directo à informação constante de bases de dados das entidades ou serviços da Administração Pública.

2 – Não sendo possível o suprimento das deficiências nos termos previstos no número anterior e tratando-se de deficiência que não envolva novo pedido de registo nem constitua motivo de recusa nos termos das alíneas c) a e) do n.º 1 do artigo 69.º, o serviço de registo competente comunica este facto ao interessado, por qualquer meio idóneo, para que este, no prazo de cinco dias, proceda a tal suprimento, sob pena de o registo ser lavrado como provisório ou recusado.

3 – O registo não é lavrado provisoriamente ou recusado se as deficiências em causa respeitarem à omissão de documentos a emitir pelas entidades referidas no n.º 1 e a informação deles constante não puder ser obtida nos termos aí previstos, caso em que o serviço de registo competente deve solicitar esses documentos directamente às entidades ou serviços da Administração Pública.

4 – O serviço de registo competente é reembolsado pelo interessado das despesas resultantes dos pagamentos devidos às entidades referidas no número anterior.

5 – (Revogado.)

6 – A falta de apresentação de título que constitua motivo de recusa nos termos da alínea b) do artigo 69.º pode ser suprida, com observância dos números anteriores, desde que o facto sujeito a registo seja anterior à data da apresentação.

7 – Se, nos termos do número anterior, o registo for recusado porque o facto é posterior à data da apresentação, deve ser efectuada nova apresentação, imediatamente após a última apresentação pessoal do dia em que foi efectuado o despacho de recusa, transferindo-se a totalidade dos emolumentos que foram pagos.

Artigo 74.º

Desistências

1 – É permitida a desistência depois de feita a apresentação e antes de efectuado o registo.

2 – Tratando-se de facto sujeito a registo obrigatório, apenas é possível a desistência quando exista deficiência que motive recusa ou for apresentado documento comprovativo da extinção do facto.

3 – A desistência pode ser requerida verbalmente ou por escrito, devendo no primeiro caso ser assinado o comprovativo do pedido.

TÍTULO IV
Dos actos de registo

CAPÍTULO I
Disposições gerais

Artigo 75.º

Prazo e ordem dos registos

1 – Os registos são efectuados no prazo de 10 dias e pela ordem de anotação no diário, salvo nos casos de urgência.

2 – Em relação a cada ficha, os registos são efectuados pela ordem temporal das apresentações no diário.

3 – Nos casos de urgência o registo deve ser efectua do no prazo máximo de um dia útil, sem subordinação à ordem de anotação no diário, mas sem prejuízo da ordem a respeitar em cada ficha.

4 – Se a anotação dos factos constantes do pedido não corresponder à ordem da respectiva dependência, deve esta ser seguida na feitura dos registos.

5 – Sem prejuízo do disposto no n.º 2, fica excluída da subordinação à ordem de anotação no diário a feitura dos registos a que deva ser aplicado o mecanismo do suprimento de deficiências, nos termos do artigo 73.º

Artigo 75.º-A
Competência

1 – Para os actos de registo é competente o conservador, sem prejuízo do disposto no número seguinte.

2 – Os oficiais dos registos têm competência para os seguintes actos de registo:

a) Penhora de prédios;
b) Aquisição e hipoteca de prédios descritos antes de titulado o negócio;
c) Aquisição por compra e venda acompanhada da constituição de hipoteca, com intervenção das entidades referidas nas alíneas c) e e) do artigo 8.º-B;
d) Hipoteca voluntária, com intervenção das entidades referidas nas alíneas c) e e) do artigo 8.º-B;
e) Locação financeira e transmissão do direito do locatário;
f) Transmissão de créditos garantidos por hipoteca;
g) Cancelamento de hipoteca por renúncia ou por consentimento;
h) Averbamentos à descrição de factos que constem de documento oficial;
i) Actualização da inscrição quanto à identificação dos sujeitos dos factos inscritos;
j) Desanexação dos lotes individualizados em operação de loteamento inscrita e abertura das respectivas descrições;
l) Abertura das descrições subordinadas da propriedade horizontal inscrita;
m) Abertura das descrições das fracções temporais do direito de habitação periódica inscrito.

3 – Os oficiais dos registos têm ainda a competência que lhes seja delegada pelo conservador.

Artigo 76.º
Forma e redacção

1 – O registo compõe-se da descrição predial, da inscrição dos factos e respectivos averbamentos, bem como de anotações de certas circunstâncias, nos casos previstos na lei.

2 – As descrições, as inscrições e os averbamentos são efectuados por extracto.

3 – (Revogado.)

Artigo 77.º
Data e assinatura

1 – A data dos registos é a da apresentação ou, se desta não dependerem, a data em que forem efectuados.

2 – Os registos são assinados, com menção da respectiva qualidade, pelo conservador ou pelo seu substituto legal, quando em exercício, ou, ainda, pelo oficial de registo, quando competente.

3 – (Revogado.)

Artigo 78.º
Suprimento da falta de assinatura

1 – Os registos que não tiverem sido assinados devem ser conferidos pelos respectivos documentos para se verificar se podiam ou não ser efectuados.

2 – Se os documentos apresentados para o registo não estiverem arquivados e a prova não poder ser obtida mediante acesso directo à informação constante das competentes bases de dados, são pedidas certidões gratuitas aos respectivos serviços.

3 – Se a prova obtida nos termos do número anterior não for suficiente, deve solicitar-se ao interessado a junção dos documentos necessários no prazo de 30 dias.

4 – Se se concluir que podia ser efectuado, o registo é assinado e é feita a anotação do suprimento da irregularidade com menção da data ou, caso contrário, é consignado, sob a mesma forma, que a falta é insuprível e notificado do facto o respectivo titular para efeitos de impugnação.

CAPÍTULO II
Descrições, averbamentos e anotações

SECÇÃO I
Descrições

ARTIGO 79.º
Finalidade

1 – A descrição tem por fim a identificação física, económica e fiscal dos prédios.

2 – De cada prédio é feita uma descrição distinta.

3 – No seguimento da descrição do prédio são lançadas as inscrições ou as correspondentes cotas de referência.

4 – Sempre que se cancelem ou caduquem as inscrições correspondentes, ou se transfiram os seus efeitos mediante novo registo, as inscrições ou as cotas de referência devem publicitar que a informação deixou de estar em vigor.

ARTIGO 80.º
Abertura de descrições

1 – As descrições são feitas na dependência de uma inscrição ou de um averbamento.

2 – O disposto no número anterior não impede a abertura da descrição, em caso de recusa, para os efeitos previstos no n.º 3 do artigo 69.º e, se a descrição resultar de desanexação de outro prédio, deve ser feita a anotação da desanexação na ficha deste último.

3 – O registo das operações de transformação fundiária e das suas alterações dá lugar à descrição dos lotes ou parcelas que já se encontrem juridicamente individualizados.

ARTIGO 81.º
Descrições subordinadas

1 – No caso de constituição de propriedade horizontal ou do direito de habitação periódica, além da descrição genérica do prédio ou do

empreendimento turístico, é feita uma descrição distinta para cada fracção autónoma ou unidade de alojamento ou apartamento.

2 – As fracções temporais do direito de habitação periódica são descritas com subordinação à descrição da unidade de alojamento ou apartamento.

Artigo 82.º
Menções gerais das descrições

1 – O extracto da descrição deve conter:

a) O número de ordem privativo dentro de cada freguesia, seguido dos algarismos correspondentes à data da apresentação de que depende;
b) A natureza rústica, urbana ou mista do prédio;
c) A denominação do prédio e a sua situação por referência ao lugar, rua, números de polícia ou confrontações;
d) A composição sumária e a área do prédio;
e) (Revogada.)
f) A situação matricial do prédio expressa pelo artigo de matriz, definitivo ou provisório, ou pela menção de estar omisso.

2 – Na descrição genérica de prédio ou prédios em regime de propriedade horizontal é mencionada a série das letras correspondentes às fracções e na de empreendimento turístico classificado para fins turísticos esta circunstância, bem como as letras correspondentes às unidades de alojamento, quando existam.

3 – Na descrição de prédio resultante de anexação ou desanexação de outros são mencionados os números das respectivas descrições.

Artigo 83.º
Menções das descrições subordinadas

1 – A descrição de cada fracção autónoma deve conter:

a) O número da descrição genérica do prédio, seguido da letra ou letras da fracção, segundo a ordem alfabética;
b) As menções das alíneas c), d) e f) do n.º 1 do artigo anterior indispensáveis para identificar a fracção;
c) A menção do fim a que se destina, se constar do título.

2 – A descrição de cada unidade de alojamento ou apartamento deve conter:

a) O número da descrição genérica do empreendimento turístico seguido da letra ou letras da unidade de alojamento ou apartamento, segundo a ordem alfabética;
b) As menções das alíneas c), d) e f) do n.º 1 do artigo anterior indispensáveis para identificar a unidade de alojamento ou o apartamento.

3 – Às fracções temporais é atribuído o número do empreendimento turístico e, havendo-a, a letra da unidade de alojamento ou apartamento, mencionando -se o início e o termo do período de cada direito de habitação.

Artigo 84.º
Bens do domínio público

Na descrição do objecto de concessões em bens do domínio público observar-se-á o seguinte:

a) Quando a concessão se referir a parcelas delimitadas de terreno, serão as mesmas descritas, com as necessárias adaptações, nos termos do artigo 82.º;
b) Quando respeitarem a vias de comunicação, é feita uma única descrição na conservatória competente, com os elementos de individualização constantes do respectivo título.

Artigo 85.º
Prédios constituídos a partir de um ou de vários prédios ou parcelas

1 – É aberta nova descrição quando o registo incidir sobre prédio constituído:

a) Por parcela de prédio descrito ou não descrito;
b) Por dois ou mais prédios já descritos;
c) Por prédios descritos e outro ou outros não descritos;
d) Por prédios descritos e parcelas de outro ou outros também descritos;
e) Por parcelas de prédios descritos e outras de prédios não descritos;
f) Por parcelas de um ou mais prédios já descritos.

2 – As inscrições vigentes sobre a descrição de que foi desanexada a parcela ou sobre as descrições total ou parcialmente anexadas são reproduzidas na ficha da nova descrição.

Artigo 86.º
Descrições duplicadas

1 – Quando se reconheça a duplicação de descrições, reproduzir-se-ão na ficha de uma delas os registos em vigor nas restantes fichas, cujas descrições se consideram inutilizadas.

2 – Nas descrições inutilizadas e na subsistente far-se-ão as respectivas anotações com remissões recíprocas.

Artigo 87.º
Inutilização de descrições

1 – As descrições não são susceptíveis de cancelamento.
2 – Devem ser inutilizadas:

a) As descrições de fracções autónomas ou de unidades de alojamento ou apartamentos, nos casos de demolição do prédio e de cancelamento ou caducidade da inscrição de constituição ou alteração da propriedade horizontal ou do direito de habitação periódica;
b) As descrições referentes a concessões sobre bens do domínio público sobre as quais não existam registos em vigor;
c) As descrições de prédios totalmente anexados;
d) As descrições previstas na segunda parte do n.º 2 do artigo 80.º, quando não forem removidos os motivos da recusa;
e) As descrições de prédios cuja área seja totalmente dividida em lotes de terreno destinados à construção;
f) As descrições dos prédios de cada proprietário submetidos a emparcelamento;
g) As descrições sem inscrições em vigor.

3 – A inutilização de qualquer descrição é anotada com menção da sua causa.

Secção II
Averbamentos à descrição

Artigo 88.º
Alteração da descrição

1 – Os elementos das descrições podem ser alterados, completados ou rectificados por averbamento.

2 – As alterações resultantes de averbamentos não prejudicam os direitos de quem neles não teve intervenção, desde que definidos em inscrições anteriores.

Artigo 89.º
Requisitos gerais

Os averbamentos à descrição devem conter os seguintes elementos:

a) O número de ordem privativo;
b) O número e a data da apresentação correspondente ou, se desta não dependerem, a data em que são feitos;
c) A menção dos elementos da descrição alterados, completados ou rectificados.

Artigo 90.º
Actualização oficiosa das descrições

1 – Os elementos das descrições devem ser oficiosamente actualizados quando a alteração possa ser comprovada por um dos seguintes meios:

a) Acesso à base de dados da entidade competente;
b) Documento emitido pela entidade competente; ou
c) Documento efectuado com intervenção da pessoa com legitimidade para pedir a actualização.

2 – Enquanto não se verificar a intervenção prevista na alínea c) do número anterior, a actualização é anotada à descrição, inutilizando-se a anotação se a intervenção não ocorrer dentro do prazo de vigência do registo que lhe deu origem.

3 – Por decisão do presidente do Instituto dos Registos e do Notariado, I. P., quando se mostrem reunidas as condições técnicas e exista har-

monização na informação constante das competentes bases de dados, os elementos da descrição podem ser actualizados automaticamente.

SECÇÃO III

Anotações especiais à descrição

ARTIGO 90.º-A

Anotações especiais à descrição

1 – Além de outros casos previstos na lei, é especialmente anotada à descrição:

a) A existência de autorização de utilização;
b) A existência de ficha técnica de habitação;
c) A classificação como empreendimento turístico em propriedade plural, com indicação das descrições prediais que o integram.

2 – A existência de autorização de utilização é anotada mediante a indicação do respectivo número e da data de emissão.

3 – Se as condições técnicas o permitirem, o disposto nos números anteriores deve ser efectuado de forma totalmente automática, nos termos de portaria do membro do Governo responsável pela área da justiça.

4 – A realização da anotação prevista na alínea *b)* do n.º 1 depende da existência das condições técnicas previstas no número anterior.

CAPÍTULO III

Inscrição e seus averbamentos

SECÇÃO I

Inscrição

ARTIGO 91.º

Finalidade da inscrição

1 – As inscrições visam definir a situação jurídica dos prédios, mediante extracto dos factos a eles referentes.

2 – As inscrições só podem ser lavradas com referência a descrições genéricas ou subordinadas.

3 – A inscrição de qualquer facto respeitante a várias descrições é lavrada na ficha de cada uma destas.

Artigo 92.º
Provisoriedade por natureza

1 – São efectuadas provisoriamente por natureza as seguintes inscrições:
   a) Das acções e procedimentos referidos no artigo 3.º;
   b) De constituição da propriedade horizontal, antes de concluída a construção do prédio;
   c) De factos jurídicos respeitantes a fracções autónomas, antes do registo definitivo da constituição da propriedade horizontal;
   d) De ónus de casas de renda económica ou de renda limitada, antes da concessão da licença de habitação, e de quaisquer factos jurídicos a elas respeitantes, antes do registo definitivo do ónus;
   e) (Revogada.)
   f) De negócio jurídico, celebrado por gestor ou por procurador sem poderes suficientes, antes da ratificação;
   g) De aquisição, antes de titulado o contrato;
   h) De aquisição por venda em processo judicial, antes de passado o título de transmissão;
   i) De hipoteca voluntária, antes de lavrado o título constitutivo;
   j) De aquisição por partilha em inventário, antes de passada em julgado a sentença;
   l) De hipoteca judicial, antes de passada em julgado a sentença;
   m) Da hipoteca a que se refere o artigo 701.º do Código Civil, antes de passada em julgado a sentença que julgue procedente o pedido;
   n) Da declaração de insolvência antes do trânsito em julgado da sentença;
   o) (Revogada.)

2 – Além das previstas no número anterior, são ainda provisórias por natureza:
   a) As inscrições de penhora, de declaração de insolvência e de arresto, se existir sobre os bens registo de aquisição ou reconhe-

cimento do direito de propriedade ou de mera posse a favor de pessoa diversa do executado, do insolvente ou do requerido;
b) As inscrições dependentes de qualquer registo provisório ou que com ele sejam incompatíveis;
c) As inscrições que, em reclamação contra a reforma de suportes documentais, se alega terem sido omitidas;
d) As inscrições efectuadas na pendência de recurso hierárquico ou impugnação judicial contra a recusa do registo ou enquanto não decorrer o prazo para a sua interposição.

3 – As inscrições referidas nas alíneas b) a d) do n.º 1 e na alínea c) do n.º 2, se não forem também provisórias com outro fundamento, mantêm-se em vigor pelo prazo de cinco anos, renovável por períodos de igual duração, a pedido dos interessados, mediante a apresentação de documento que comprove a subsistência da razão da provisoriedade emitido com antecedência não superior a 180 dias em relação ao termo daquele prazo.

4 – A inscrição referida na alínea g) do n.º 1, quando baseada em contrato-promessa de alienação, é renovável por períodos de seis meses e até um ano após o termo do prazo fixado para a celebração do contrato prometido, com base em documento que comprove o consentimento das partes.

5 – As inscrições referidas na alínea a) do n.º 2 mantêm-se em vigor pelo prazo de um ano, salvo o disposto no n.º 5 do artigo 119.º, e caducam se a acção declarativa não for proposta e registada dentro de 30 dias a contar da notificação da declaração prevista no n.º 4 do mesmo artigo.

6 – As inscrições referidas na alínea b) do n.º 2 mantêm-se em vigor pelo prazo do registo de que dependem ou com o qual colidem, salvo se antes caducarem por outra razão.

7 – Nos casos previstos no número anterior, a conversão do registo em definitivo determina a conversão oficiosa das inscrições dependentes e a caducidade das inscrições incompatíveis, salvo se outra for a consequência da requalificação do registo dependente ou incompatível.

8 – Nos casos previstos no n.º 6, o cancelamento ou a caducidade do registo provisório determina a conversão oficiosa da inscrição incompatível, salvo se outra for a consequência da requalificação desta.

9 – Sem prejuízo do disposto no artigo 149.º, as inscrições referidas na alínea d) do n.º 2 mantêm-se em vigor na pendência de recurso hierárquico ou de impugnação judicial ou enquanto estiver a decorrer o prazo para a sua interposição.

10 – As inscrições referidas na alínea c) do n.º 1 são convertidas oficiosamente na dependência do registo definitivo da constituição da propriedade horizontal.

11 – As inscrições referidas nas alíneas a) e j) a n) do n.º 1 não estão sujeitas a qualquer prazo de caducidade.

Artigo 93.º
Requisitos gerais

1 – Do extracto da inscrição deve constar:

a) (Revogada.)
b) O número, a data e a hora da apresentação;
c) Caso a inscrição seja provisória, a menção de que o é por natureza ou por dúvidas, com indicação, no primeiro caso, do número e alínea aplicáveis do artigo anterior e, sendo provisória nos termos das alíneas g) ou i) do n.º 1 do artigo 92.º, a data em que o registo foi confirmado;
d) O facto que se inscreve;
e) A identificação dos sujeitos activos do facto inscrito, pela menção do nome completo, número de identificação fiscal, estado e residência das pessoas singulares, ou da denominação ou firma, número de pessoa colectiva e sede das pessoas colectivas, bem como a menção do nome do cônjuge e do regime de bens do casamento, se os sujeitos forem casados, ou, sendo solteiros, a indicação de serem maiores ou menores;
f) Respeitando o facto a diversos prédios, a menção dessa circunstância;
g) Tratando-se de inscrição de ampliação, o número da inscrição ampliada.

2 – Os sujeitos passivos são indicados, em cada inscrição, somente pelo nome e número de identificação fiscal, no caso das pessoas singulares, ou pela denominação ou firma e número de pessoa colectiva, no caso das pessoas colectivas.

3 – Quando os sujeitos da inscrição não puderem ser identificados pela forma prevista neste artigo, mencionar-se-ão as circunstâncias que permitam determinar a sua identidade.

ARTIGO 94.º

Convenções e cláusulas acessórias

Do extracto das inscrições constarão obrigatoriamente as seguintes convenções ou cláusulas acessórias:

a) As convenções de reserva de propriedade e de venda a retro estipuladas em contrato de alienação;
b) As cláusulas fideicomissárias, de pessoa a nomear, de reserva de dispor de bens doados ou de reversão deles e, em geral, outras cláusulas suspensivas ou resolutivas que condicionem os efeitos de actos de disposição ou oneração;
c) As cláusulas que excluam da responsabilidade por dívidas o beneficiário de bens doados ou deixados;
d) A convenção de indivisão da compropriedade, quando estipulada no título de constituição ou aquisição.

ARTIGO 95.º

Requisitos especiais

1 – O extracto da inscrição deve ainda conter as seguintes menções especiais:

a) Na de aquisição, a causa;
b) Na de usufruto ou de uso e habitação e na de direito de superfície, o conteúdo dos direitos e as obrigações dos titulares e, na parte regulada pelo título, a causa e a duração, quando determinada;
c) Na de servidão, o encargo imposto, a duração, quando temporária, e a causa;
d) Na de promessa de alienação ou de oneração de bens, o prazo da promessa, se estiver fixado;
e) Na de pacto ou disposição testamentária de preferência, o contrato ou o testamento a que respeita, a duração da preferência e as demais condições especificadas no título respeitantes às prestações das partes;
f) Na de operações de transformação fundiária, a identificação do título e a especificação das condições da operação;
g) Na de decisão judicial, a parte dispositiva e, na de acção ou de procedimento, o pedido;
h) Na de apanágio, as prestações mensais fixas ou, na falta destas, a forma por que os alimentos devem ser prestados;

i) Na de eventual redução das doações, a indicação dos sujeitos da doação;

j) Na de cessão de bens aos credores, as obrigações dos cessionários especificadas no título, a causa, o montante global dos créditos, bem como o prazo e o preço convencionados para a venda, se tiverem sido fixados;

l) Na de penhora ou de arresto, a identificação do processo, a data do facto e a quantia exequenda ou por que se promove o arresto e ainda, caso a inscrição seja provisória nos termos da alínea *a)* do n.º 2 do artigo 92.º, o nome, estado e residência do titular da inscrição;

m) Na de arrolamento, a data da diligência e, na de declaração de insolvência, a data e hora de prolação da sentença e a data do respectivo trânsito e ainda, caso a inscrição seja provisória nos termos da alínea *a)* do n.º 2 do artigo 92.º, o nome, estado e residência do titular da inscrição;

n) Na de outros actos ou providências cautelares, o seu conteúdo e a data do negócio jurídico ou do respectivo despacho;

o) Na de locação financeira, o prazo e a data do seu início;

p) Na de consignação de rendimentos, o prazo de duração ou, se for por tempo indeterminado, a quantia para cujo pagamento se fez a consignação e a importância a descontar em cada ano, se tiver sido estipulada uma quantia fixa;

q) Na de constituição de propriedade horizontal, o valor relativo de cada fracção, expresso em percentagem ou permilagem, a existência de regulamento, caso este conste do título constitutivo, e os direitos dos condóminos neste título especialmente regulados e, na de alteração do título constitutivo, a descrição da alteração;

r) Na de constituição do direito de habitação periódica, o número de fracções temporais com indicação do início e termo de duração em cada ano, bem como o respectivo regime na parte especialmente regulada no título e, na de alteração do título constitutivo, a descrição da alteração;

s) Na de ónus de rendas económicas, as rendas base e, na de ónus de rendas limitadas, o mapa das rendas dos andares para habitação;

t) Na de afectação ao caucionamento das reservas técnicas, a espécie de reservas e o valor representado pelo prédio e, na de afectação ao caucionamento da responsabilidade patronal, o fundamento e o valor da caução;

u) Na de ónus de anuidade em obras de fomento agrícola, as anuidades asseguradas;

v) Na de renúncia à indemnização por aumento de valor, a especificação das obras e o montante da indemnização ou, na sua falta, o da avaliação do prédio;

x) Na de qualquer restrição ou encargo, o seu conteúdo;

z) Na de concessão, o conteúdo do direito, na parte especialmente regulada no título, e o prazo da concessão;

aa) Na que tenha por base um contrato para pessoa a nomear, o prazo para a nomeação e, quando exista, a referência à estipulação que obste à produção dos efeitos do contrato;

ab) Na do título constitutivo do empreendimento turístico, a indicação das descrições prediais dos lotes e das fracções autónomas que integram o empreendimento ou o *resort*, bem como a data da aprovação do título pelo Turismo de Portugal, I. P., e, na de alteração do título constitutivo, a descrição da alteração e a data da sua aprovação pela mesma entidade.

2 – As inscrições referidas na alínea *t*) do número anterior são feitas a favor, respectivamente, do Instituto de Seguros de Portugal e do juiz do tribunal do trabalho competente e as referidas na alínea *v*) do mesmo número a favor da entidade expropriante.

3 – Se as condições técnicas permitirem o arquivamento electrónico dos documentos junto das inscrições, devem ser efectuadas por remissão para o documento arquivado que serve de base ao registo as seguintes menções especiais:

a) As condições da operação, nos registos a que se refere a alínea *f*) do n.º 1;

b) Os direitos dos condóminos especialmente regulados no título, nos registos a que se refere a alínea *q*) do n.º 1;

c) O regime do direito de habitação periódica, na parte especialmente regulada pelo título, nos registos a que se refere a alínea *r*) do n.º 1.

Artigo 96.º
Requisitos especiais da inscrição de hipoteca

1 – O extracto da inscrição de hipoteca deve conter as seguintes menções especiais:

a) O fundamento da hipoteca, o crédito e seus acessórios e o montante máximo assegurado;

b) Tratando-se de hipoteca de fábrica, a referência ao inventário de onde constem os maquinismos e os móveis afectos à exploração industrial, quando abrangidos pela garantia.

2 – Se os documentos apresentados para registo da hipoteca mostrarem que o capital vence juros, mas não indicarem a taxa convencionada, deve mencionar -se na inscrição a taxa legal.

Artigo 97.º
Inscrição de factos constituídos simultaneamente com outros sujeitos a registo

1 – O registo da aquisição ou mera posse acompanhada da constituição de outro facto sujeito a registo ou da extinção de facto registado determina a realização oficiosa do registo desses factos.

2 – Não se procede à inscrição da hipoteca legal por dívidas de tornas ou legados de importância legal inferior a € 5000, actualizáveis nos termos do n.º 2 do artigo 12.º, ou, independentemente do valor, se já tiverem decorrido 10 anos sobre a data em que os respectivos créditos se tornaram exigíveis e os credores não forem incapazes.

3 – Para efeitos do número anterior, presume-se a capacidade dos credores se o contrário não resultar dos documentos apresentados.

4 – Os recibos de quitação assinados pelo credor com menção do número, data e entidade emitente do documento de identificação civil ou documento de identificação equivalente são formalmente suficientes para comprovar a extinção das dívidas de tornas ou de legados.

Artigo 98.º
Inscrição de propriedade limitada

1 – Será inscrita como aquisição em propriedade plena a que respeitar a prédio sobre o qual exista, ou se deva lavrar oficiosamente, inscrição de usufruto ou uso e habitação.

2 – A inscrição de propriedade limitada pelos direitos referidos no número anterior, fora do condicionalismo aí previsto, conterá a menção das limitações a que a propriedade está sujeita.

3 – Se a plena propriedade for inscrita com base na aquisição separada da propriedade e do direito de usufruto, ainda que por títulos diferentes, proceder-se-á oficiosamente ao cancelamento do registo daquele direito.

Artigo 99.º
Unidade da inscrição

1 – É feita uma única inscrição nos seguintes casos:

a) Quando os comproprietários ou compossuidores solicitarem no mesmo pedido o registo de aquisição ou posse das quotas-partes respectivas, ainda que por títulos diferentes;
b) Quando o proprietário ou possuidor tenha adquirido o direito em quotas indivisas, ainda que por títulos diferentes.

2 – Quando o título constitutivo do empreendimento turístico substitua o título constitutivo da propriedade horizontal, é feita uma única inscrição que abranja os dois factos.

Secção II
Averbamentos à inscrição

Artigo 100.º
Alteração das inscrições

1 – A inscrição pode ser completada, actualizada ou restringida por averbamento.

2 – Salvo disposição em contrário, o facto que amplie o objecto ou os direitos e os ónus ou encargos, definidos na inscrição, apenas poderá ser registado mediante nova inscrição.

3 – É averbada à inscrição da propriedade, feita nos termos do n.º 2 do artigo 98.º, a extinção do usufruto ou uso e habitação, sem prejuízo do cancelamento oficioso do respectivo registo, se existir.

4 – Os averbamentos são lançados a cada uma das inscrições lavradas nos termos do n.º 3 do artigo 91.º

Artigo 101.º
Averbamentos especiais

1 – São registados por averbamento às respectivas inscrições os seguintes factos:

a) A penhora, o arresto, o arrolamento, o penhor e demais actos ou providências sobre créditos garantidos por hipoteca ou consignação de rendimentos;

b) A transmissão e o usufruto dos créditos referidos na alínea anterior;
c) A cessão de hipoteca ou do grau de prioridade da sua inscrição;
d) A convenção de indivisão da compropriedade, quando não deva ser inserida nas inscrições, nos termos da alínea d) do artigo 94.º;
e) A transmissão, o usufruto e a penhora do direito de algum ou de alguns dos titulares da inscrição de bens integrados em herança indivisa, a declaração de insolvência que afecte este direito, bem como os procedimentos que tenham por fim o decretamento do arresto, do arrolamento ou de quaisquer outras providências que afectem a livre disposição desse direito;
f) A cessão do direito potestativo resultante de contrato-promessa de alienação ou de oneração de imóveis ou de pacto de preferência, com eficácia real;
g) A transmissão de imóveis por efeito de transferência de património de um ente colectivo para outro ou de trespasse de estabelecimento comercial;
h) O trespasse do usufruto;
i) A consignação judicial de rendimentos de imóveis objecto de inscrição de penhora;
j) A transmissão dos arrendamentos inscritos e os subarrendamentos;
l) A transmissão de concessões inscritas;
m) A transmissão da locação financeira;
n) As alterações às operações de transformação fundiária.

2 – São registados nos mesmos termos:

a) As providências decretadas nos procedimentos cautelares registados;
b) A conversão do arresto em penhora;
c) A decisão final das acções inscritas;
d) A conversão em definitivos, no todo ou em parte, dos registos provisórios;
e) A renovação dos registos;
f) A nomeação de terceiro, ou a sua não nomeação, em contrato para pessoa a nomear;
g) O cancelamento total ou parcial dos registos.

3 – Podem ser feitos provisoriamente por dúvidas os averbamentos referidos no n.º 1 e provisoriamente por natureza os averbamentos de factos constantes do mesmo número que tenham de revestir esse carácter quando registados por inscrição.

4 – A conversão em definitiva da inscrição de acção em que se julgue modificado ou extinto um facto registado, ou se declare nulo ou anulado um registo, determina o correspondente averbamento oficioso de alteração ou cancelamento.

5 – A inscrição de aquisição, em processo de execução ou de insolvência, de bens penhorados ou apreendidos determina o averbamento oficioso de cancelamento dos registos dos direitos reais que caducam nos termos do n.º 2 do artigo 824.º do Código Civil.

Artigo 102.º
Requisitos gerais

1 – O averbamento deve conter os seguintes elementos:

a) O número e data da apresentação ou, se desta não depender, a data em que é feito;
b) A data da inscrição a que respeita;
c) A menção do facto averbado e das cláusulas suspensivas ou resolutivas que condicionem os efeitos de actos de disposição ou de oneração;
d) Os sujeitos do facto averbado.

2 – É aplicável à menção e identificação dos sujeitos, com as necessárias adaptações, o disposto no artigo 93.º

Artigo 103.º
Requisitos especiais

1 – Os averbamentos referidos no n.º 1 do artigo 101.º devem satisfazer, na parte aplicável, os requisitos fixados no n.º 1 do artigo 95.º

2 – O averbamento de conversão de registo provisório em definitivo deve conter apenas essa menção, salvo se envolver alteração da inscrição.

3 – O averbamento de cancelamento deve conter apenas essa menção, mas, sendo parcial, especificará o respectivo conteúdo.

TÍTULO V
Da publicidade e da prova do registo

CAPÍTULO I
Publicidade

Artigo 104.º
Carácter público do registo

Qualquer pessoa pode pedir certidões dos actos de registo e dos documentos arquivados, bem como obter informações verbais ou escritas sobre o conteúdo de uns e de outros.

Artigo 105.º
Pesquisas

1 – Para efeitos do disposto no artigo anterior apenas os funcionários da repartição poderão consultar os livros, fichas e documentos, de harmonia com as indicações dadas pelos interessados.

2 – Podem ser passadas cópias integrais ou parciais não certificadas, com o valor de informação, dos registos e despachos e de quaisquer documentos.

CAPÍTULO II
Protecção de dados pessoais

Secção I
Bases de dados

Artigo 106.º
Finalidade das bases de dados

As bases de dados do registo predial têm por finalidade organizar e manter actualizada a informação respeitante à situação jurídica dos prédios, com vista à segurança do comércio jurídico, nos termos e para os efeitos previstos na lei, não podendo ser utilizada para qualquer outra finalidade com aquela incompatível.

Artigo 107.º
**Entidade responsável pelo tratamento
das bases de dados**

1 – O presidente do Instituto dos Registos e do Notariado, I. P., é o responsável pelo tratamento das bases de dados, nos termos e para os efeitos definidos na Lei de Protecção de Dados Pessoais, sem prejuízo da responsabilidade que, nos termos da lei, é atribuída aos conservadores.

2 – Cabe ao presidente do Instituto dos Registos e do Notariado, I. P., assegurar o direito de informação e de acesso aos dados pelos respectivos titulares, bem como velar pela legalidade da consulta ou comunicação da informação.

Artigo 108.º
Dados recolhidos

1 – São recolhidos para tratamento automatizado os seguintes dados pessoais respeitantes aos sujeitos do registo:

a) Nome;
b) Estado civil e, sendo o de solteiro, menção de maioridade ou menoridade;
c) Nome do cônjuge e regime de bens;
d) Residência habitual ou domicílio profissional;
e) Número de identificação fiscal.

2 – Relativamente aos apresentantes dos pedidos de registo, são recolhidos os dados referidos nas alíneas a) e d) do número anterior e ainda os seguintes:

a) Número do documento de identificação ou da cédula profissional;
b) Número de identificação bancária, se disponibilizado pelo apresentante.

3 – São ainda recolhidos quaisquer outros dados referentes à situação jurídica dos prédios.

ARTIGO 109.º
Modo de recolha

1 – Os dados pessoais constantes das bases de dados são recolhidos do pedido de registo e dos documentos apresentados.

2 – Dos modelos destinados ao pedido de registo devem constar as informações previstas na Lei de Protecção de Dados Pessoais.

SECÇÃO II
Comunicação e acesso aos dados

ARTIGO 109.º-A
Comunicação de dados

1 – Os dados referentes à situação jurídica de qualquer prédio constantes das bases de dados podem ser comunicados a qualquer pessoa que o solicite, nos termos previstos neste Código.

2 – Os dados pessoais referidos no n.º 1 do artigo 108.º podem ainda ser comunicados aos organismos e serviços do Estado e demais pessoas colectivas de direito público para prossecução das respectivas atribuições legais e estatutárias.

3 – Às entidades referidas no número anterior pode ser autorizada a consulta através de linha de transmissão de dados, garantido o respeito pelas normas de segurança da informação e da disponibilidade técnica.

4 – A consulta referida no número anterior depende da celebração de protocolo com o Instituto dos Registos e do Notariado, I. P., que defina os seus limites, face às atribuições legais e estatutárias das entidades interessadas.

5 – A informação pode ser divulgada para fins de investigação científica ou de estatística, desde que não possam ser identificáveis as pessoas a que respeita.

ARTIGO 109.º-B
Condições da comunicação de dados

1 – A comunicação de dados deve obedecer às disposições gerais de protecção de dados pessoais constantes da Lei n.º 67/98, de 26 de Outubro, designadamente respeitar as finalidades para as quais foi autorizada

a consulta, limitando o acesso ao estritamente necessário e não utilizando a informação para outros fins.

2 – O Instituto dos Registos e do Notariado, I. P., comunica ao organismo processador dos dados os protocolos celebrados a fim de que este providencie para que a consulta por linha de transmissão possa ser efectuada, nos termos e condições deles constantes.

3 – O Instituto dos Registos e do Notariado, I. P., remete obrigatoriamente à Comissão Nacional de Protecção de Dados cópia dos protocolos celebrados.

4 – A comunicação de dados está sujeita ao pagamento dos encargos que forem devidos, nos termos de tabela a aprovar por despacho do Ministro da Justiça.

Artigo 109.º-C

Acesso directo aos dados

1 – Podem aceder directamente aos dados referidos nos n.ºs 1 e 2 do artigo 109.º-A:

a) Os magistrados judiciais e do Ministério Público, no âmbito da prossecução das suas atribuições;
b) As entidades que, nos termos da lei processual, recebam delegação para a prática de actos de inquérito ou instrução ou a quem incumba cooperar internacionalmente na prevenção e repressão da criminalidade e no âmbito dessas competências;
c) As entidades com competência legal para garantir a segurança interna e prevenir a sabotagem, o terrorismo, a espionagem e a prática de actos que, pela sua natureza, podem alterar ou destruir o Estado de direito constitucionalmente estabelecido, no âmbito da prossecução dos seus fins.

2 – As condições de acesso directo pelas entidades referidas no número anterior são definidas por despacho do presidente do Instituto dos Registos e do Notariado, I. P.

3 – As entidades autorizadas a aceder directamente aos dados obrigam-se a adoptar todas as medidas necessárias à estrita observância das regras de segurança estabelecidas na Lei n.º 67/98, de 26 de Outubro.

4 – As entidades referidas na alínea a) do n.º 1 podem fazer-se substituir por funcionários por si designados.

ARTIGO 109.º-D

Direito à informação

1 – Qualquer pessoa tem o direito de ser informada sobre os dados pessoais que lhe respeitem e a respectiva finalidade, bem como sobre a identidade e o endereço do responsável pela base de dados.

2 – A actualização e a correcção de eventuais inexactidões realiza-se nos termos e pela forma previstos neste Código, sem prejuízo do disposto na alínea *d)* do n.º 1 do artigo 11.º da Lei n.º 67/98, de 26 de Outubro.

ARTIGO 109.º-E

Segurança da informação

1 – O presidente do Instituto dos Registos e do Notariado, I. P., e as entidades referidas no n.º 2 do artigo 109.º-A devem adoptar as medidas de segurança referidas no n.º 1 do artigo 15.º da Lei n.º 67/98, de 26 de Outubro.

2 – Às bases de dados devem ser conferidas as garantias de segurança necessárias a impedir a consulta, a modificação, a supressão, o acrescentamento ou a comunicação de dados por quem não esteja legalmente habilitado.

3 – Para efeitos de controlo de admissibilidade da consulta, 1 em cada 10 pesquisas efectuadas pelas entidades que tenham acesso à base de dados é registada informaticamente.

4 – As entidades referidas no n.º 1 obrigam-se a manter uma lista actualizada das pessoas autorizadas a aceder às bases de dados.

ARTIGO 109.º-F

Sigilo

1 – A comunicação ou a revelação dos dados pessoais registados na base de dados só podem ser efectuadas nos termos previstos neste Código.

2 – Os funcionários dos registos e do notariado, bem como as pessoas que, no exercício das suas funções, tenham conhecimento dos dados pessoais registados nas bases de dados do registo predial, ficam obrigados a sigilo profissional, nos termos do n.º 1 do artigo 17.º da Lei n.º 67/98, de 26 de Outubro.

CAPÍTULO III
Meios de prova

ARTIGO 110.º
Certidões

1 – O registo prova-se por meio de certidões.

2 – A validade das certidões de registo é de um ano, podendo ser revalidadas por períodos de igual duração, se a sua informação se mantiver actual.

3 – As certidões podem ser disponibilizadas em suporte electrónico, nos termos a definir por portaria do membro do Governo responsável pela área da justiça.

4 – As certidões disponibilizadas nos termos do número anterior fazem prova para todos os efeitos legais e perante qualquer autoridade pública ou entidade privada, nos mesmos termos da correspondente versão em suporte de papel.

5 – Faz igualmente prova para todos os efeitos legais e perante qualquer autoridade pública ou entidade privada a disponibilização da informação constante da certidão em sítio da Internet, em termos a definir por portaria do membro do Governo responsável pela área da justiça.

6 – Por cada processo de registo é entregue ou enviada ao requerente uma certidão gratuita de todos os registos em vigor respeitantes ao prédio em causa, salvo se o requerente optar pela disponibilização gratuita, pelo período de um ano, do serviço referido no número anterior.

7 – Sem prejuízo do disposto na parte final do número anterior, por cada processo de registo é disponibilizado, gratuitamente e pelo período de três meses, o serviço referido no n.º 5.

ARTIGO 110.º -A
Competência para a emissão

1 – As certidões e as cópias não certificadas de registos podem ser emitidas e confirmadas por qualquer serviço de registo.

2 – As certidões negativas de registos têm de ser confirmadas pelo serviço de registo da área da situação do prédio.

3 – Enquanto as condições técnicas não permitirem a sua emissão por qualquer serviço de registo, as certidões de documentos ou despachos são enviadas pelo serviço de registo da área da situação do prédio.

4 – Para a emissão dos documentos referidos nos números anteriores é competente o conservador e qualquer oficial dos registos.

ARTIGO 111.º
Pedido de certidão

1 – As certidões podem ser pedidas verbalmente ou por escrito.

2 – Os modelos dos pedidos de certidões requisitadas por escrito são aprovados por despacho do presidente do Instituto dos Registos e do Notariado, I. P.

3 – O pedido de certidão pode ser efectuado por qualquer uma das modalidades previstas no artigo 41.º-B.

4 – Os pedidos de certidão devem conter, além da identificação do requerente, o número da descrição, a freguesia e o concelho dos prédios ou fracções autónomas a que respeitem.

5 – Tratando-se de prédio não descrito deve indicar-se a natureza do prédio, a sua situação, as confrontações, o artigo da matriz e o nome, estado e residência do proprietário ou possuidor actual, bem como dos dois imediatamente anteriores, salvo, quanto a estes, se o requerente alegar no pedido as razões justificativas do seu desconhecimento.

6 – Se o pedido respeitar a quota-parte de prédio não descrito e indiviso, deve conter o nome, estado e, sendo casado, o nome do cônjuge de todos os comproprietários.

ARTIGO 112.º
Conteúdo da certidão

1 – As certidões de registo devem conter:

a) A reprodução das descrições e dos actos de registo em vigor respeitantes aos prédios em causa, salvo se tiverem sido pedidas com referência a todos os actos de registo;
b) A menção das apresentações e dos pedidos de registo pendentes sobre o prédio em causa;
c) As irregularidades ou deficiências de registo não rectificadas;
d) Os documentos arquivados para os quais os registos remetam.

2 – Se as condições técnicas o permitirem, podem ser emitidas certidões com referência a determinados actos de registo ou partes de documentos.

3 – Se for encontrado um prédio descrito que apenas ofereça semelhança com o identificado no pedido, é passada certidão daquele, com menção desta circunstância, devendo, neste caso, os interessados declarar, nos instrumentos ou termos processuais a que a certidão se destine, se existe relação entre ambos os prédios.

Artigo 113.º
Emissão ou recusa de certidões

1 – As certidões são emitidas imediatamente após a recepção do pedido, quando deste não conste um termo inicial diferente.

2 – As certidões negativas de registos são emitidas no prazo máximo de um dia útil.

3 – Sem prejuízo de outros fundamentos de recusa de emissão de certidão previstos na lei, a emissão da certidão deve ser recusada nos casos seguintes:

a) Se o pedido não contiver os elementos previstos nos n.ºs 4 a 6 do artigo 111.º;

b) Se o prédio não estiver sujeito a registo.

Artigo 114.º
Certidões para instrução de processos

(Revogado.)

Artigo 115.º
Fotocópia dos registos lavrados

(Revogado.)

TÍTULO VI
Do suprimento, da rectificação e da reconstituição do registo

CAPÍTULO I
Meios de suprimento

ARTIGO 116.º

Justificação relativa ao trato sucessivo

1 – O adquirente que não disponha de documento para a prova do seu direito pode obter a primeira inscrição mediante escritura de justificação notarial ou decisão proferida no âmbito do processo de justificação previsto neste capítulo.

2 – Caso exista inscrição de aquisição, reconhecimento ou mera posse, a falta de intervenção do respectivo titular, exigida pela regra do n.º 2 do artigo 34.º, pode ser suprida mediante escritura de justificação notarial ou decisão proferida no âmbito do processo de justificação previsto neste capítulo.

3 – Na hipótese prevista no número anterior, a usucapião implica novo trato sucessivo a partir do titular do direito assim justificado.

ARTIGO 117.º

Regularidade fiscal

1 – No caso de justificação para primeira inscrição, presume-se a observância das obrigações fiscais por parte do justificante, se o direito estiver inscrito em seu nome na matriz.

2 – Tratando-se do reatamento do trato sucessivo, a impossibilidade de comprovar os impostos referentes às transmissões justificadas, quando certificada pela repartição de finanças, dispensa a apreciação da regularidade fiscal das mesmas transmissões.

ARTIGO 117.º-A

Restrições à admissibilidade da justificação

1 – A justificação de direitos que, nos termos da lei fiscal, devam constar da matriz só é admissível em relação aos direitos nela inscritos

ou relativamente aos quais esteja pedida, à data da instauração do processo, a sua inscrição na matriz.

2 – Além do pretenso titular do direito, tem legitimidade para pedir a justificação quem demonstre ter legítimo interesse no registo do respectivo facto aquisitivo, incluindo, designadamente, os credores do titular do direito justificando.

Artigo 117.º-B

Pedido

1 – O processo inicia-se com a apresentação do pedido em qualquer serviço de registo com competência para a prática de actos de registo predial.

2 – No pedido o interessado solicita o reconhecimento do direito em causa, oferece e apresenta os meios de prova e indica, consoante os casos:

a) A causa da aquisição e as razões que impossibilitam a sua comprovação pelos meios normais, quando se trate de estabelecer o trato sucessivo relativamente a prédios não descritos ou a prédios descritos sobre os quais não incida inscrição de aquisição, de reconhecimento ou de mera posse;

b) As sucessivas transmissões operadas a partir do titular inscrito, com especificação das suas causas e identificação dos respectivos sujeitos, bem como das razões que impedem a comprovação pelos meios normais das transmissões relativamente às quais declare não lhe ser possível obter o título;

c) As circunstâncias em que baseia a aquisição originária, bem como as transmissões que a tenham antecedido e as subsequentes, se estiver em causa o estabelecimento de novo trato sucessivo nos termos do n.º 3 do artigo 116.º

3 – Sendo invocada a usucapião como causa da aquisição, são expressamente alegadas as circunstâncias de facto que determinam o início da posse, quando não titulada, bem como, em qualquer caso, as que consubstanciam e caracterizam a posse geradora da usucapião.

4 – O prédio objecto do direito justificando deve ser identificado no pedido nos termos exigidos na alínea *b)* do n.º 1 do artigo 44.º

ARTIGO 117.º-C

Meios de prova

1 – Com o pedido devem ser apresentados os seguintes meios de prova:

a) Testemunhas, em número de três;
b) Documentos comprovativos das transmissões anteriores e subsequentes ao facto justificado a respeito das quais se não alegue a impossibilidade de os obter;
c) Outros documentos que se considerem necessários para a verificação dos pressupostos da procedência do pedido.

2 – Às testemunhas, referidas na alínea a) do número anterior, aplica-se o disposto quanto aos declarantes no processo de justificação notarial.

ARTIGO 117.º-D

Apresentação

1 – O processo de justificação considera-se instaurado no momento da apresentação do pedido, dos documentos e dos emolumentos devidos pelo processo, no serviço de registo, a qual é anotada no diário.

2 – É rejeitada a apresentação no caso de não se mostrarem pagos os emolumentos devidos, aplicando-se o disposto nos n.ᵒˢ 2 e 3 do artigo 66.º

3 – (Revogado.)

ARTIGO 117.º-E

Averbamento de pendência da justificação

1 – Efectuada a apresentação, é oficiosamente averbada a pendência da justificação, reportando-se à data daquela os efeitos dos registos que venham a ser efectuados na sequência da justificação.

2 – Para efeitos do disposto no número anterior, abre-se a descrição do prédio ainda não descrito e, se a descrição resultar de desanexação de outro prédio, faz-se a anotação da desanexação na ficha deste último.

3 – A descrição aberta nos termos do número anterior é inutilizada no caso de o averbamento de pendência ser cancelado, a menos que devam subsistir em vigor outros registos entretanto efectuados sobre o prédio.

4 – Os registos de outros factos efectuados posteriormente e que dependam, directa ou indirectamente, da decisão do processo de justificação pendente estão sujeitos ao regime de provisoriedade previsto na alínea b) do n.º 2 do artigo 92.º, sendo-lhes aplicável, com as necessárias adaptações, o disposto nos n.ºs 6 a 8 desse mesmo artigo.

5 – O averbamento de pendência é oficiosamente cancelado mediante a decisão que indefira o pedido de justificação ou declare findo o processo, logo que tal decisão se torne definitiva.

Artigo 117.º-F

Indeferimento liminar e aperfeiçoamento do pedido

1 – Sempre que o pedido seja manifestamente improcedente pode ser liminarmente indeferido, por despacho fundamentado, sendo notificado o interessado.

2 – O justificante é convidado para, no prazo de 10 dias, juntar ao processo os documentos em falta ou prestar declaração complementar sobre os elementos de identificação omitidos, sob pena de indeferimento liminar da pretensão, nos seguintes casos:

a) Se ao pedido não tiverem sido juntos os documentos comprovativos dos factos alegados, que só documentalmente possam ser provados e cuja verificação constitua pressuposto da procedência do pedido; ou

b) Se do pedido e dos documentos juntos não constarem os elementos de identificação do prédio exigidos para a sua descrição, nos termos da alínea b) do n.º 1 do artigo 44.º

3 – O disposto no número anterior não se verifica se o serviço de registo puder obter os documentos ou suprir a ausência dos elementos em falta por acesso às bases de dados das entidades competentes ou qualquer outro meio idóneo, designadamente por comunicação com o justificante.

4 – O justificante pode impugnar a decisão de indeferimento liminar, nos termos previstos no artigo 117.º-I, com as necessárias adaptações.

5 – Em face dos fundamentos alegados na impugnação, pode ser reparada a decisão de indeferir liminarmente o pedido, mediante despacho fundamentado que ordene o prosseguimento do processo, do qual é notificado o impugnante.

6 – Não sendo a decisão reparada, são efectuadas simultaneamente a notificação nos termos do artigo seguinte e a notificação da impugnação deduzida.

7 – Sendo apresentada oposição ao pedido de justificação, o processo é declarado findo nos termos do n.º 2 do artigo 117.º-H.

8 – Se não for deduzida oposição, o processo é remetido ao tribunal para que seja decidida a impugnação.

Artigo 117.º-G
Notificação dos interessados

1 – (Revogado.)

2 – Caso a justificação se destine ao reatamento ou ao estabelecimento de novo trato sucessivo, é notificado o titular da última inscrição, quando se verifique falta de título em que ele tenha intervindo, procedendo-se à sua notificação edital ou à dos seus herdeiros, independentemente de habilitação, quando, respectivamente, aquele titular esteja ausente em parte incerta ou tenha falecido.

3 – As notificações são feitas nos termos gerais da lei processual civil.

4 – (Revogado.)

5 – (Revogado.)

6 – As notificações editais são feitas pela simples afixação de editais, pelo prazo de 30 dias, no serviço de registo da situação do prédio, na sede da junta de freguesia da situação do prédio e, quando se justifique, na sede da junta de freguesia da última residência conhecida do ausente ou do falecido.

7 – As notificações editais referidas no número anterior são igualmente publicadas em sítio na Internet, em termos a definir por portaria do membro do Governo responsável pela área da justiça.

Artigo 117.º-H
Instrução, decisão e publicação

1 – Os interessados podem deduzir oposição nos 10 dias subsequentes ao termo do prazo da notificação.

2 – Se houver oposição, o processo é declarado findo, sendo os interessados remetidos para os meios judiciais.

3 – Não sendo deduzida oposição, procede-se à inquirição das testemunhas, apresentadas pela parte que as tenha indicado, sendo os respectivos depoimentos reduzidos a escrito por extracto.

4 – A decisão é proferida no prazo de 10 dias após a conclusão da instrução e, sendo caso disso, especifica as sucessivas transmissões operadas, com referência às suas causas e à identidade dos respectivos sujeitos.

5 – Os interessados são notificados da decisão no prazo de cinco dias.

6 – Tornando-se a decisão definitiva, são efectuados oficiosamente os consequentes registos.

7 – A decisão definitiva do processo de justificação é publicada, oficiosa e imediatamente, num sítio na Internet, em termos a definir por portaria do membro do Governo responsável pela área da justiça.

Artigo 117.º-I

Impugnação judicial

1 – O Ministério Público e qualquer interessado podem recorrer da decisão do conservador para o tribunal de 1.ª instância competente na área da circunscrição a que pertence a conservatória onde pende o processo.

2 – O prazo para a impugnação, que tem efeito suspensivo, é o do artigo 685.º do Código de Processo Civil.

3 – A impugnação efectua-se por meio de requerimento onde são expostos os respectivos fundamentos.

4 – A interposição da impugnação considera-se feita com a apresentação da mesma no serviço de registo em que o processo se encontra pendente, a qual é anotada no diário, sendo o processo remetido à entidade competente no mesmo dia em que for recebido.

Artigo 117.º-J

Decisão do recurso

1 – Recebido o processo, são notificados os interessados para, no prazo de 10 dias, impugnarem os fundamentos do recurso.

2 – Não havendo lugar a qualquer notificação ou findo o prazo a que se refere o número anterior, vai o processo com vista ao Ministério Público.

Artigo 117.º-L

Recurso para o tribunal da Relação

1 – Da sentença proferida no tribunal de 1.ª instância podem interpor recurso para o tribunal da Relação os interessados e o Ministério Público.

2 – O recurso, que tem efeito suspensivo, é processado e julgado como agravo em matéria cível.

3 – Do acórdão do tribunal da Relação não cabe recurso para o Supremo Tribunal de Justiça, sem prejuízo dos casos em que o recurso é sempre admissível.

Artigo 117.º-M
Devolução do processo

Após o trânsito em julgado da sentença ou do acórdão proferidos, o tribunal devolve à conservatória o processo de justificação.

Artigo 117.º-N
Nova justificação

Não procedendo a justificação por falta de provas, pode o justificante deduzir nova justificação.

Artigo 117.º-O
Incompatibilidades

Ao conservador que exerça advocacia é vedada a aceitação do patrocínio nos processos previstos no presente capítulo.

Artigo 117.º-P
Direito subsidiário

O Código de Processo Civil é aplicável, subsidiariamente e com as necessárias adaptações, ao processo de justificação previsto neste capítulo.

Artigo 118.º
Outros casos de justificação

1 – As disposições relativas à justificação para primeira inscrição são aplicáveis, com as devidas adaptações, ao cancelamento pedido pelo titular inscrito do registo de quaisquer ónus ou encargos, quando não seja possível obter documento comprovativo da respectiva extinção.

2 – Ao registo da mera posse são aplicáveis as disposições relativas ao processo de justificação para primeira inscrição.

3 – São regulados pela legislação respectiva o processo de justificação para inscrição de direitos sobre os prédios abrangidos por emparcelamento e o processo de justificação administrativa para inscrição de direitos sobre imóveis a favor do Estado.

Artigo 119.º
Suprimento em caso de arresto, penhora ou declaração de insolvência

1 – Havendo registo provisório de arresto, penhora ou de declaração de insolvência sobre os bens inscritos a favor de pessoa diversa do requerido, executado ou insolvente, deve efectuar-se no respectivo processo a citação do titular inscrito para declarar, no prazo de 10 dias, se o prédio ou direito lhe pertence.

2 – No caso de ausência ou falecimento do titular da inscrição deve fazer-se a citação deste ou dos seus herdeiros, independentemente de habilitação, afixando-se editais pelo prazo de 30 dias, na sede da junta de freguesia da área da situação dos prédios.

3 – Se o citado declarar que os bens lhe não pertencem ou não fizer nenhuma declaração, o tribunal ou o agente de execução comunica o facto ao serviço de registo para conversão oficiosa do registo.

4 – Se o citado declarar que os bens lhe pertencem, o juiz remete os interessados para os meios processuais comuns, e aquele facto é igualmente comunicado, bem como a data da notificação da declaração para ser anotada no registo.

5 – O registo da acção declarativa na vigência do registo provisório é anotado neste e prorroga o respectivo prazo até que seja cancelado o registo da acção.

6 – No caso de procedência da acção, deve o interessado pedir a conversão do registo no prazo de 10 dias a contar do trânsito em julgado.

CAPÍTULO II
Da rectificação do registo

ARTIGO 120.º
Processo de rectificação

O processo previsto neste capítulo visa a rectificação dos registos e é regulado pelos artigos seguintes e, subsidiariamente e com as necessárias adaptações, pelo Código de Processo Civil.

ARTIGO 121.º
Iniciativa

1 – Os registos inexactos e os registos indevidamente lavrados devem ser rectificados por iniciativa do conservador logo que tome conhecimento da irregularidade, ou a pedido de qualquer interessado, ainda que não inscrito.

2 – Os registos indevidamente efectuados que sejam nulos nos termos das alíneas *b)* e *d)* do artigo 16.º podem ser cancelados com o consentimento dos interessados ou em execução de decisão tomada neste processo.

3 – A rectificação do registo é feita, em regra, por averbamento a lavrar no termo do processo especial para esse efeito previsto neste Código.

4 – Os registos nulos por violação do princípio do trato sucessivo são rectificados pela feitura do registo em falta quando não esteja registada a acção de declaração de nulidade.

5 – Os registos lançados em ficha distinta daquela em que deviam ter sido lavrados são oficiosamente transcritos na ficha que lhes corresponda, anotando-se ao registo errado a sua inutilização e a indicação da ficha em que foi transcrito.

ARTIGO 122.º
Efeitos da rectificação

A rectificação do registo não prejudica os direitos adquiridos a título oneroso por terceiros de boa fé, se o registo dos factos correspondentes for anterior ao registo da rectificação ou da pendência do respectivo processo.

ARTIGO 123.º
Pedido de rectificação

1 – No pedido de rectificação devem ser especificados os fundamentos e a identidade dos interessados.

2 – O pedido de rectificação é acompanhado dos meios de prova necessários e do pagamento dos emolumentos devidos.

3 – Constitui causa de rejeição do pedido a falta de pagamento dos emolumentos devidos, aplicando -se o disposto nos n.ºs 2 e 3 do artigo 66.º

ARTIGO 124.º
Consentimento dos interessados

Se a rectificação tiver sido requerida por todos os interessados, é rectificado o registo, sem necessidade de outra qualquer formalidade, quando se considere, em face dos documentos apresentados, estarem verificados os pressupostos da rectificação pedida.

ARTIGO 125.º
Casos de dispensa de consentimento dos interessados

1 – A rectificação que não seja susceptível de prejudicar direitos dos titulares inscritos é efectuada, mesmo sem necessidade do seu consentimento, nos casos seguintes:

   a) Sempre que a inexactidão provenha da desconformidade com o título, analisados os documentos que serviram de base ao registo;
   b) Sempre que, provindo a inexactidão de deficiência dos títulos, a rectificação seja requerida por qualquer interessado com base em documento bastante.

2 – Deve entender-se que a rectificação de registo inexacto por desconformidade com o título não prejudica o titular do direito nele inscrito.

3 – Presume-se que da rectificação não resulta prejuízo para a herança, se tal for declarado pelo respectivo cabeça-de-casal.

Artigo 126.º
Averbamento de pendência da rectificação

1 – Quando a rectificação não deva ser efectuada nos termos dos artigos 124.º ou 125.º, é averbada ao respectivo registo a pendência da rectificação, com referência à anotação no diário do pedido ou do auto de verificação da inexactidão, consoante os casos.

2 – O averbamento a que se refere o número anterior não prejudica o decurso do prazo de caducidade a que o registo rectificando esteja sujeito.

3 – Os registos de outros factos que venham a ser efectuados e que dependam, directa ou indirectamente, da rectificação pendente estão sujeitos ao regime de provisoriedade previsto na alínea b) do n.º 2 do artigo 92.º, sendo-lhes aplicável, com as adaptações necessárias, os n.ᵒˢ 6 a 8 do mesmo artigo.

4 – O averbamento da pendência é oficiosamente cancelado mediante decisão definitiva que indefira a rectificação ou declare findo o processo.

Artigo 127.º
Indeferimento liminar

1 – Sempre que o pedido se prefigure como manifestamente improcedente, o conservador indefere liminarmente o requerido, por despacho fundamentado de que notifica o requerente.

2 – A decisão de indeferimento liminar pode ser impugnada nos termos do artigo 131.º

3 – Pode o conservador, face aos fundamentos alegados no recurso interposto, reparar a sua decisão de indeferir liminarmente o pedido, mediante despacho fundamentado que ordene o prosseguimento do processo, do qual é notificado o recorrente.

4 – Não sendo a decisão reparada, são notificados os interessados a que se refere o artigo 129.º para, no prazo de 10 dias, impugnarem os fundamentos do recurso, remetendo-se o processo à entidade competente.

Artigo 128.º
Emolumentos

(Revogado.)

Artigo 129.º
Notificação dos interessados não requerentes

1 – Os interessados não requerentes são notificados para, no prazo de 10 dias, deduzirem oposição à rectificação, devendo juntar os elementos de prova e pagar os emolumentos devidos.

2 – Se os interessados forem incertos, deve ser notificado o Ministério Público nos termos previstos no número anterior.

3 – As notificações são feitas nos termos gerais da lei processual civil, aplicada com as necessárias adaptações.

4 – (Revogado.)

5 – (Revogado.)

6 – As notificações editais são feitas pela simples afixação de editais, pelo prazo de 30 dias, no serviço de registo da situação do prédio, na sede da junta de freguesia da situação do prédio e, quando se justifique, na sede da junta de freguesia da última residência conhecida do ausente ou do falecido.

7 – As notificações editais, referidas no número anterior, são igualmente publicadas em sítio na Internet, em termos a definir por portaria do membro do Governo responsável pela área da justiça.

Artigo 130.º
Instrução e decisão

1 – Recebida a oposição ou decorrido o respectivo prazo, o conservador procede às diligências necessárias de produção de prova.

2 – A prova testemunhal tem lugar mediante a apresentação das testemunhas pela parte que as tiver indicado, em número não superior a três, sendo os respectivos depoimentos reduzidos a escrito por extracto.

3 – A perícia é requisitada pelo conservador ou realizada por perito a nomear nos termos previstos no artigo 568.º do Código de Processo Civil, aplicável com as necessárias adaptações.

4 – O conservador pode, em qualquer caso, proceder às diligências e produção de prova que considerar necessárias.

5 – (Revogado.)

6 – A decisão sobre o pedido de rectificação é proferida no prazo de 10 dias.

Artigo 131.º
Impugnação judicial

1 – Qualquer interessado e o Ministério Público podem recorrer da decisão do conservador para o tribunal de 1.ª instância competente na área da circunscrição a que pertence a conservatória em que pende o processo.

2 – O prazo para a impugnação, que tem efeito suspensivo, é de 10 dias.

3 – A impugnação efectua-se por meio de requerimento fundamentado.

4 – A interposição da impugnação considera-se feita com a apresentação da mesma no serviço de registo onde foi proferida a decisão de que se recorre e deve ser anotada no diário e remetida à entidade competente no mesmo dia em que for recebida.

Artigo 132.º
Decisão do recurso

1 – Recebido o processo, o juiz ordena a notificação dos interessados para, no prazo de 10 dias, impugnarem os fundamentos do recurso.

2 – Não havendo lugar a qualquer notificação ou findo o prazo a que se refere o número anterior, vai o processo com vista ao Ministério Público.

Artigo 132.º-A
Recurso para o tribunal da Relação

1 – Da sentença proferida pelo tribunal de 1.ª instância podem interpor recurso para o tribunal da Relação os interessados, o conservador e o Ministério Público.

2 – O recurso, que tem efeito suspensivo, é processado e julgado como agravo em matéria cível.

3 – Do acórdão do tribunal da Relação não cabe recurso para o Supremo Tribunal de Justiça, sem prejuízo dos casos em que o recurso é sempre admissível.

Artigo 132.º-B
Devolução do processo

Após o trânsito em julgado da sentença ou do acórdão proferidos, o tribunal devolve à conservatória o processo de rectificação.

ARTIGO 132.º-C

Gratuitidade do registo

(Revogado.)

ARTIGO 132.º-D

Incompatibilidades

Ao conservador que exerça advocacia é vedada a aceitação do patrocínio nos processos previstos no presente capítulo.

CAPÍTULO III
Reconstituição do registo

ARTIGO 133.º

Métodos de reconstituição

1 – Em caso de extravio ou inutilização dos suportes documentais, os registos podem ser reconstituídos por reprodução a partir dos arquivos existentes, por reelaboração do registo com base nos respectivos documentos, ou por reforma dos referidos suportes.

2 – A data da reconstituição dos registos deve constar da ficha.

ARTIGO 134.º

Arquivos de duplicação

(Revogado.)

ARTIGO 135.º

Reelaboração do registo

1 – O extravio ou inutilização de uma ficha determina a reelaboração oficiosa de todos os registos respeitantes ao prédio.

2 – Devem ser requisitados aos serviços competentes os documentos que se mostrem necessários à reelaboração do registo, os quais são gratuitos e isentos de quaisquer outros encargos legais.

ARTIGO 136.º

Reforma

Nos casos em que o registo não possa ser reconstituído pela forma prevista nos artigos anteriores procede-se à reforma dos respectivos suportes.

ARTIGO 137.º

Processo de reforma

1 – O processo de reforma inicia-se com a remessa, preferencialmente por via electrónica, ao Ministério Público do auto elaborado pelo conservador, do qual devem constar as circunstâncias do extravio ou inutilização, a especificação dos suportes documentais abrangidos e a referência ao período a que correspondem os registos.

2 – O Ministério Público requererá ao juiz a citação edital dos interessados para, no prazo de dois meses, apresentarem na conservatória títulos, certidões e outros documentos de que disponham, indicando-se também nos editais o período a que os registos respeitem.

3 – Decorrido o prazo dos editais e julgada válida a citação por despacho transitado em julgado, o Ministério Público promoverá a comunicação do facto ao conservador.

4 – O termo do prazo a que se refere o n.º 3 será anotado no diário, procedendo-se, de seguida, à reconstituição dos registos em face dos livros e fichas subsistentes e dos documentos arquivados e apresentados.

ARTIGO 138.º

Reclamações

1 – Concluída a reforma, o conservador participará o facto ao Ministério Público, a fim de que este promova nova citação edital dos interessados para examinarem os registos reconstituídos e apresentarem na conservatória, no prazo de 30 dias, as suas reclamações.

2 – Quando a reclamação tiver por fundamento a omissão de alguma inscrição, esta é lavrada como provisória por natureza, com base na petição do reclamante e nos documentos apresentados.

3 – Se a reclamação visar o próprio registo reformado, devem ser juntas ao processo de reclamação cópias do registo impugnado e dos documentos que lhe serviram de base e anotar-se ao registo a pendência da reclamação.

4 – Cumprido o disposto nos dois números anteriores, as reclamações são remetidas, para decisão, ao tribunal competente, com a informação do conservador.

Artigo 139.º
Suprimento de omissões não reclamadas

1 – A omissão de algum registo que não tenha sido reclamada só pode ser suprida por meio de acção intentada contra aqueles a quem o interessado pretenda opor a prioridade do registo.

2 – Julgada procedente a acção, será o registo lavrado com a menção das inscrições a que se refere.

3 – A acção não prejudica os direitos decorrentes de factos registados antes do registo da acção que não tenham constado dos suportes documentais reformados.

TÍTULO VII
Da impugnação das decisões do conservador

Artigo 140.º
Admissibilidade do recurso

1 – A decisão de recusa da prática do acto de registo nos termos requeridos pode ser impugnada mediante a interposição de recurso hierárquico para o presidente do Instituto dos Registos e do Notariado, I. P., ou mediante impugnação judicial para o tribunal da área da circunscrição a que pertence o serviço de registo.

2 – A recusa de rectificação de registos só pode ser apreciada no processo próprio regulado neste Código.

Artigo 141.º
Prazos

1 – O prazo para a interposição da impugnação judicial é de 30 dias a contar da notificação a que se refere o artigo 71.º

2 – (Revogado.)

ARTIGO 142.º
Interposição de recurso hierárquico e de impugnação judicial

1 – O recurso hierárquico ou a impugnação judicial interpõem-se por meio de requerimento em que são expostos os seus fundamentos.

2 – A interposição de recurso hierárquico ou de impugnação judicial considera-se feita com a apresentação das respectivas petições no serviço de registo a que pertencia o funcionário que proferiu a decisão recorrida.

3 – (Revogado.)
4 – (Revogado.)
5 – (Revogado.)

ARTIGO 142.º-A
Tramitação subsequente

1 – Impugnada a decisão e independentemente da categoria funcional de quem tiver emitido o despacho recorrido, este é submetido à apreciação do conservador, o qual deve proferir, no prazo de 10 dias, despacho a sustentar ou a reparar a decisão, dele notificando o recorrente.

2 – A notificação referida no número anterior deve ser acompanhada do envio ou da entrega ao notificando de cópia dos documentos juntos ao processo.

3 – Sendo sustentada a decisão, o processo deve ser remetido à entidade competente, no prazo de cinco dias, instruído com cópia do despacho de qualificação do registo e dos documentos necessários à sua apreciação.

4 – A tramitação da impugnação judicial, incluindo a remessa dos elementos referidos no número anterior ao tribunal competente, é efectuada electronicamente nos termos a definir por portaria do membro do Governo responsável pela área da justiça.

ARTIGO 143.º
Audição do notário

(Revogado.)

Artigo 144.º
Decisão do recurso hierárquico

1 – O recurso hierárquico é decidido no prazo de 90 dias, pelo presidente do Instituto dos Registos e do Notariado, I. P., que pode determinar que seja previamente ouvido o conselho técnico.

2 – Quando haja de ser ouvido, o conselho técnico deve pronunciar-se no prazo máximo de 60 dias, incluído no prazo referido no número anterior.

3 – A decisão proferida é notificada ao recorrente e comunicada ao conservador que sustentou a decisão.

4 – Sendo o recurso hierárquico deferido, deve ser dado cumprimento à decisão no próprio dia.

Artigo 145.º
Impugnação judicial

1 – Tendo o recurso hierárquico sido julgado improcedente ou não tendo a decisão sido proferida no prazo legal, o interessado pode ainda impugnar judicialmente a decisão de qualificação do acto de registo.

2 – A impugnação judicial é proposta mediante apresentação do requerimento no serviço de registo competente, no prazo de 20 dias a contar da data da notificação da decisão que tiver julgado improcedente o recurso hierárquico.

3 – O processo é remetido ao tribunal no prazo de cinco dias, instruído com o de recurso hierárquico.

Artigo 146.º
Julgamento

1 – Recebido em juízo e independentemente de despacho, o processo vai com vista ao Ministério Público, para emissão de parecer.

2 – O juiz que tenha intervindo no processo donde conste o acto cujo registo está em causa fica impedido de julgar a impugnação judicial.

Artigo 147.º
Recurso da sentença

1 – Da sentença proferida podem sempre interpor recurso para a Relação, com efeito suspensivo, o impugnante, o conservador que sustenta,

o presidente do Instituto dos Registos e do Notariado, I. P., e o Ministério Público.

2 – (Revogado.)

3 – Para os efeitos previstos no n.º 1, a sentença é sempre notificada ao presidente do Instituto dos Registos e do Notariado, I. P.

4 – Do acórdão da Relação não cabe recurso para o Supremo Tribunal de Justiça, sem prejuízo dos casos em que o recurso é sempre admissível.

5 – A decisão é comunicada pela secretaria ao serviço de registo, após o seu trânsito em julgado.

6 – A secretaria deve igualmente comunicar ao serviço de registo:
a) A desistência ou deserção da instância;
b) O facto de o processo ter estado parado mais de 30 dias por inércia do impugnante.

ARTIGO 147.º-A
Valor do recurso

1 – O valor da acção é o do facto cujo registo foi recusado ou feito provisoriamente.

2 – (Revogado.)

ARTIGO 147.º-B
Direito subsidiário

Ao recurso hierárquico é aplicável, subsidiariamente, o disposto no Código do Procedimento Administrativo.

ARTIGO 147.º-C
**Impugnação da conta dos actos
e da recusa de passagem de certidões**

1 – Assiste ao interessado o direito de recorrer hierarquicamente ou de impugnar judicialmente, por erro, a liquidação da conta dos actos ou a aplicação da tabela emolumentar, bem como de pedir a condenação na passagem de certidão, quando o funcionário a recuse.

2 – Sem prejuízo do disposto nos números seguintes, ao recurso hierárquico a que se refere o número anterior é aplicável, com as necessárias adaptações, o disposto no n.º 1 do artigo 141.º e nos artigos 142.º, 142.º--A e 144.º

3 – Nos recursos hierárquicos a que se refere o presente artigo, os prazos estabelecidos nos n.ᵒˢ 1 e 3 do artigo 142.º-A e no n.º 1 do artigo 144.º são reduzidos a 5, 2 e 30 dias, respectivamente.

4 – Tratando-se de recusa de emissão de certidão, o prazo para a interposição do recurso hierárquico conta-se a partir da comunicação do despacho de recusa.

Artigo 148.º

Efeitos da impugnação

1 – A interposição de recurso hierárquico ou a impugnação judicial devem ser imediatamente anotadas, a seguir à anotação da recusa ou ao registo provisório.

2 – São ainda anotadas a improcedência ou a desistência da impugnação, bem como, sendo caso disso, a deserção do recurso ou a sua paragem durante mais de 30 dias por inércia do recorrente.

3 – Com a propositura da acção ou a interposição de recurso hierárquico fica suspenso o prazo de caducidade do registo provisório até lhe serem anotados os factos referidos no número anterior.

4 – Proferida decisão final que julgue insubsistente a recusa da prática do acto nos termos requeridos, o conservador deve lavrar o registo recusado, com base na apresentação correspondente, ou converter oficiosamente o registo provisório.

Artigo 149.º

Registos dependentes

1 – No caso de recusa, julgado procedente o recurso hierárquico ou a impugnação judicial, deve anotar-se a caducidade dos registos provisórios incompatíveis com o acto inicialmente recusado e converter-se oficiosamente os registos dependentes, salvo se outra for a consequência da requalificação do registo dependente.

2 – Verificando-se a caducidade do direito de impugnação ou qualquer dos factos previstos no n.º 2 do artigo anterior, é anotada a caducidade dos registos dependentes e são convertidos os registos incompatíveis, salvo se outra for a consequência da requalificação do registo dependente.

TÍTULO VIII
Disposições diversas

ARTIGO 150.º
Emolumentos

(Revogado.)

ARTIGO 151.º
Pagamento dos emolumentos e taxas

1 – Os emolumentos e taxas devidas pelos actos praticados nos serviços de registo são pagos em simultâneo com o pedido ou antes deste.

2 – É responsável pelo pagamento o sujeito activo dos factos.

3 – Sem prejuízo da responsabilidade imputada ao sujeito activo e salvo o disposto nos números seguintes, quem apresenta o registo ou pede o acto deve proceder à entrega das importâncias devidas.

4 – Os tribunais, no que respeita à comunicação das acções, decisões e outros procedimentos e providências judiciais sujeitas a registo, são dispensados do pagamento prévio dos emolumentos e taxas, devendo estas quantias entrar em regra de custas.

5 – Quando o pedido for efectuado pelas entidades que celebrem escrituras públicas, autentiquem documentos particulares que titulem factos sujeitos a registo, ou reconheçam as assinaturas neles apostas, estas entidades devem obter do sujeito activo do facto, previamente à titulação ou ao reconhecimento, os emolumentos e taxas devidos pelo registo.

6 – As instituições de crédito e sociedades financeiras, quanto aos emolumentos dos factos que estão obrigados a registar mas em que não intervenham como sujeitos activos, devem obter do sujeito activo do facto, previamente à titulação, os emolumentos e taxas devidos pelo registo.

7 – Sempre que os emolumentos devam entrar em regra de custas, as quantias são descontadas na receita do Instituto de Gestão Financeira e de Infra-Estruturas da Justiça, I. P., cobrada pelos serviços de registo, devendo o montante que for obtido por via das custas judiciais constituir receita daquela entidade.

8 – Não obsta ao disposto no número anterior, a eventual incobrabilidade da conta de custas ou o benefício de apoio judiciário do requerente.

ARTIGO 152.º

Isenções

(Revogado.)

ARTIGO 153.º

Responsabilidade civil e criminal

1 – Quem fizer registar um acto falso ou juridicamente inexistente, para além da responsabilidade criminal em que possa incorrer, responde pelos danos a que der causa.

2 – Na mesma responsabilidade incorre quem prestar ou confirmar declarações falsas ou inexactas, na conservatória ou fora dela, para que se efectuem os registos ou se lavrem os documentos necessários.

ARTIGO 153.º-A

Tramitação electrónica

1 – Os actos do processo de registo podem ser realizados por via electrónica, nos termos definidos por portaria do membro do Governo responsável pela área da justiça, incluindo a interposição de recurso hierárquico, de impugnação judicial e os respectivos envios electrónicos.

2 – As notificações e outras comunicações efectuadas pelos serviços de registo são realizadas, preferencialmente por via electrónica, nos termos da portaria referida no número anterior.

3 – A portaria referida no n.º 1 deve prever as medidas de segurança determinadas pela Lei da Protecção de Dados Pessoais.

Portaria n.º 621/2008,
de 18 de Julho

O Decreto-Lei n.º 116/2008, de 4 de Julho, aprovou diversas medidas de simplificação, desmaterialização e desformalização de actos e processos na área do registo predial. Estão em causa actos muito frequentes na vida das pessoas e das empresas como, por exemplo, a compra e venda de imóveis, com ou sem financiamento bancário, hipotecas sobre imóveis ou doações de imóveis.

As medidas aprovadas, integradas no âmbito do programa SIMPLEX, visam reduzir obstáculos burocráticos e formalidades dispensáveis nas áreas do registo predial e dos actos notariais conexos, tendo em vista promover a melhoria da qualidade de vida dos cidadãos e o aumento da competitividade das empresas, através da redução dos custos de contexto.

As medidas aprovadas não constituem um exercício isolado de simplificação no sector da justiça. Fazem antes parte de um vasto conjunto de medidas já em vigor, que incluem a criação de serviços de «balcão único», a eliminação de formalidades e simplificação de procedimentos e a disponibilização de novos serviços através da Internet.

De entre as medidas ora aprovadas destaca-se a prestação de serviços em regime de «balcão único» relativamente a actos sobre imóveis, por advogados, câmaras de comércio e indústria, notários e solicitadores, a simplificação de actos e processos e eliminação de formalidades desnecessárias, a criação de novos serviços online e a fixação de preços mais claros e transparentes.

Uma das alterações significativas que viabiliza a realização destes serviços em regime de «balcão único» refere-se às normas que regulam o pedido de registo predial. Com efeito, estabelece-se que as entidades habilitadas a praticar actos relativos a imóveis por escritura pública ou documento particular autenticado passam a ter de promover o registo predial, no prazo legalmente fixado. Deste modo, visa-se simplificar actos e processos e eliminar formalidades desnecessárias, e evitar que cidadãos e empresas sejam onerados com deslocações a diversos serviços públicos e privados, com aumento da segurança jurídica.

O Decreto-Lei n.º 116/2008, de 4 de Julho, alterou ainda o regime de suprimento, rectificação e de reconstituição do registo. Prevê-se, neste âmbito, que a publicação de notificações editais no âmbito dos processos de justificação e de rectificação e as publicações das decisões do processo de justificação sejam efectuadas em sítio da Internet de acesso público.

A presente portaria destina-se, assim, a regulamentar os elementos que devem constar do pedido de registo predial, os termos da realização do pedido de registo predial por telecópia por advogados, câmaras de comércio e indústria, notários e solicitadores, a forma de realização das notificações editais em sítio da Internet no âmbito dos processos de justificação e de rectificação e a publicação da decisão do processo de justificação em sítio da Internet.

Assim:

Manda o Governo, pelo Ministro da Justiça, ao abrigo do n.º 2 do artigo 41.º-C, do n.º 1 do artigo 42.º, do n.º 7 do artigo 117.º-G, do n.º 7 do artigo 117.º-H e do n.º 7 do artigo 129.º do Código do Registo Predial, do n.º 3 do artigo 90.º do Código do Registo Comercial e do n.º 2 do artigo 1.º do Decreto-Lei n.º 363/97, de 20 de Dezembro, o seguinte:

CAPÍTULO I
Disposição geral

ARTIGO 1.º

Objecto

A presente portaria regulamenta:

a) Os elementos que devem constar do pedido de registo predial;
b) A realização do pedido de registo predial por telecópia por advogados, câmaras de comércio e indústria, notários e solicitadores;
c) A publicação de notificações editais e decisões em sítio da Internet, no âmbito dos processos de justificação e de rectificação.

CAPÍTULO II
Pedido de registo predial

Artigo 2.º
Pedido presencial, por via postal e por via imediata

1 – O pedido de registo efectuado presencialmente em serviço de registo por pessoa com legitimidade para o efeito pode revestir a forma verbal.

2 – O pedido de registo por via postal e por via imediata é efectuado pela forma escrita, de acordo com modelos aprovados por despacho do presidente do Instituto dos Registos e do Notariado, I. P.

3 – Os pedidos de registo efectuados por escrito por entidades públicas que intervenham como sujeitos passivos ou activos nos actos, pelos tribunais, pelo Ministério Público, pelos administradores de insolvência ou pelos agentes de execução, quer sejam apresentados presencialmente, por correio ou por via imediata, não carecem de utilizar o modelo referido no número anterior.

4 – O disposto no número anterior não dispensa a indicação dos elementos referidos no artigo 3.º

5 – Sendo seguida a modalidade de pedido de registo por via imediata, prevista no artigo 41.º-E do Código do Registo Predial, o pedido e os respectivos documentos são apresentados mediante depósito imediato, em envelope, em caixa própria para o efeito existente no serviço de registo.

6 – Por cada pedido de registo é sempre emitido, nos termos do artigo 64.º do Código do Registo Predial, um comprovativo do qual consta:

a) A identificação do apresentante;
b) O número de ordem;
c) A data e a hora das respectivas apresentações;
d) Os factos pedidos; e
e) Os documentos e as quantias entregues.

7 – O comprovativo referido no número anterior deve ser assinado pelo funcionário e pelo apresentante sempre que o pedido não revista a forma escrita.

8 – O comprovativo referido nos n.ᵒˢ 6 e 7 é arquivado de forma electrónica e devolvido ao interessado, nos termos do artigo 26.º do Código do Registo Predial.

9 – O pedido de registo efectuado verbalmente não dispensa a apresentação das declarações para registo, nos termos do artigo 45.º do Código do Registo Predial, sempre que estas se revelem necessárias para a feitura do mesmo.

Artigo 3.º
Elementos do pedido de registo

O pedido de registo deve conter a indicação do apresentante, dos factos e prédios a que respeita, o pedido e a indicação dos documentos entregues, devendo ser assinado quando revista a forma escrita.

Artigo 4.º
Identificação do apresentante

1 – A identificação do apresentante é feita pelo nome, residência habitual ou domicílio profissional e do cargo, quando o pedido seja efectuado por entidades públicas.

2 – A identificação do apresentante é confirmada através:

a) Do número de identificação civil ou carta de condução nacional;
b) Do número e da entidade emitente de passaporte nacional;
c) Do número e da entidade emitente de documentos de identificação civil, de passaporte ou de carta de condução emitidos por autoridade estrangeira competente; ou
d) Por comparação com a assinatura que conste de documento autêntico ou autenticado que instrua o pedido.

3 – Quando o apresentante for advogado ou solicitador, a identificação é confirmada pela indicação do número da respectiva cédula profissional.

4 – Quando o registo for apresentado por câmara de comércio e indústria, é suficiente a indicação da qualidade dessa entidade, cabendo aos serviços de registo verificar o reconhecimento legal dessa qualidade.

5 – Quando o pedido de registo for apresentado por escrito, a assinatura das entidades oficiais e dos notários deve ser autenticada com selo branco.

Artigo 5.º

Indicação dos factos, prédios e documentos entregues

1 – Os factos de registo não oficioso são indicados, com referência aos respectivos prédios, pela ordem resultante da sua dependência ou, sendo independentes, segundo a sua antiguidade.

2 – A indicação dos prédios faz-se pelo número da descrição, freguesia e concelho ou, quando não descritos, pelo número da inscrição matricial, natureza, freguesia e concelho a que pertence.

3 – A indicação das parcelas a desanexar faz-se pelo número da descrição predial e da freguesia e concelho a que pertence o prédio do qual se pretende desanexar uma ou várias parcelas.

4 – A identificação pelo interessado dos documentos entregues no pedido de registo só é exigível nos casos em que o pedido se efectue por via postal, imediata ou por telecópia.

5 – Os documentos entregues nos termos do número anterior são identificados por referência à sua natureza e data.

Artigo 6.º

Pedido de registo por telecópia

1 – O pedido de registo predial efectuado por advogados, câmaras de comércio e indústria, notários e solicitadores pode ser enviado por telecópia.

2 – Os advogados, câmaras de comércio e indústria, notários e solicitadores devem indicar no pedido de registo que os documentos transmitidos estão conformes com o respectivo original.

3 – O pedido de registo deve ser assinado pelo advogado, notário, solicitador ou representante da câmara de comércio e indústria que o subscreve e conter o respectivo carimbo.

4 – Com o pedido de registo e os documentos deve ser remetido o comprovativo do pagamento das quantias devidas pelo registo, efectuado por transferência bancária, para a conta indicada no sítio www.predialonline.mj.pt, do qual conste a identificação do requerente e, no descritivo do movimento, o número da descrição do prédio ou, se estiver omisso, o artigo matricial.

5 – O funcionário do serviço de registo que receber o pedido e os documentos procede ao respectivo arquivamento em suporte electrónico.

6 – Os advogados, as câmaras de comércio e indústria, os notários e os solicitadores requerentes do registo por telecópia devem manter arquivados os originais do requerimento e dos documentos transmitidos.

7 – O pedido de registo predial efectuado por telecópia deve ainda respeitar o disposto no n.º 2 do artigo 2.º, no artigo 3.º, nos n.ºs 1 a 4 do artigo 4.º e no artigo 5.º

CAPÍTULO III
Publicações electrónicas em processos de justificação e rectificação

Artigo 7.º
Publicações electrónicas

São publicadas electronicamente, em sítio da Internet de acesso público com o endereço electrónico www.predialonline.mj.pt, mantido pelo Instituto dos Registos e do Notariado, I. P:

a) As notificações editais nos processos de justificação e rectificação;
b) A decisão do processo de justificação.

Artigo 8.º
Publicação de notificações editais

1 – As notificações editais referidas no n.º 6 do artigo 117.º-G e no n.º 6 do artigo 129.º do Código do Registo Predial são igualmente publicadas, na data da sua afixação no serviço de registo, no sítio da Internet referido no artigo 7.º

2 – Da publicação a que se refere o n.º 7 do artigo 117.º-G devem constar, nomeadamente, os seguintes elementos:

a) A identificação do justificante, nos termos da alínea *e)* do n.º 1 do artigo 93.º do Código do Registo Predial;
b) A identificação dos notificandos, com os elementos disponíveis;
c) A indicação do serviço de registo onde corre o processo;
d) A identificação do processo;
e) A identificação do prédio, por referência ao número da descrição, caso o prédio se encontre descrito;

f) A indicação da freguesia e concelho, natureza, área e composição do prédio, bem como artigo matricial, incluindo natureza e freguesia constantes da matriz, se o prédio se encontrar omisso;
g) A pretensão do justificante;
h) A data da publicação;
i) O prazo para a dedução de oposição, indicando-se a partir de que momento este prazo começa a contar;
j) A referência à impugnação que venha eventualmente a ser deduzida no caso previsto no n.º 6 do artigo 117.º-F do Código do Registo Predial.

3 – Da publicação a que se refere o n.º 7 do artigo 129.º do Código do Registo Predial devem constar, nomeadamente, os seguintes elementos:

a) A identificação dos requerentes ou a menção da circunstância de o processo ter sido oficiosamente instaurado;
b) A identificação dos notificandos, com os elementos disponíveis;
c) A indicação do serviço de registo onde corre o processo;
d) A identificação do processo;
e) A identificação do prédio, por referência ao número da descrição, caso o prédio se encontre descrito;
f) A indicação da freguesia e concelho, natureza, área e composição do prédio, bem como artigo matricial, incluindo natureza e freguesia constantes da matriz, se o prédio se encontrar omisso;
g) O fundamento da rectificação, com referência à inexactidão verificada ou cometida e indicação da forma como a mesma vai ser rectificada;
h) A data da publicação;
i) O prazo para a dedução de oposição, indicando se a partir de que momento este prazo começa a contar.

4 – A informação objecto de publicidade no sítio da Internet referido no artigo 7.º deve poder ser acedida, designadamente por ordem cronológica e por outros elementos identificativos, como o número da descrição predial, respectiva freguesia e concelho, o número da inscrição matricial, natureza, freguesia e concelho do prédio.

5 – A publicação dos editais e o acesso à informação no sítio da Internet referido no artigo 7.º são gratuitos.

ARTIGO 9.º

Publicação das decisões

1 – A decisão do processo de justificação é publicada, oficiosa e imediatamente, no sítio da Internet referido no artigo 7.º

2 – À publicação prevista no presente artigo aplica-se o disposto nos n.ᵒˢ 4 e 5 do artigo 8.º

CAPÍTULO IV
Publicações electrónicas obrigatórias de registo comercial

ARTIGO 10.º

Aditamento à portaria n.º 590-A/2005

É aditado à portaria n.º 590 -A/2005, de 14 de Julho, o seguinte artigo:

«ARTIGO 3.º-A

Notificações electrónicas no processo de rectificação

1 – As notificações por via electrónica referidas no n.º 3 do artigo 90.º do Código do Registo Comercial são efectuadas mediante aviso publicado, nos termos do n.º 1 do artigo 167.º do Código das Sociedades Comerciais.

2 – Do aviso referido no número anterior devem constar, nomeadamente, os seguintes elementos:

a) A identificação dos requerentes ou a menção da circunstancia de o processo ter sido oficiosamente instaurado;
b) A identificação dos notificandos, com os elementos disponíveis;
c) A indicação do serviço de registo onde corre o processo;
d) A identificação do processo;
e) A identificação da entidade comercial, com indicação do número de identificação de pessoa colectiva;
f) O fundamento da rectificação, com referência à inexactidão verificada ou cometida e indicação da forma como a mesma vai ser rectificada;

g) A data da publicação;
h) O prazo para a dedução de oposição, indicando-se a partir de que momento este prazo começa a contar.

3 – A publicação do aviso nos termos do n.º 1 é gratuita.»

CAPÍTULO V
Disposição final

ARTIGO 11.º
Entrada em vigor

A presente portaria entra em vigor no dia 21 de Julho de 2008.

Pelo Ministro da Justiça, *João Tiago Valente Almeida da Silveira*, Secretário de Estado da Justiça, em 14 de Julho de 2008.

Portaria n.º 622/2008,
de 18 de Julho

O Decreto-Lei n.º 116/2008, de 4 de Julho, aprovou um vasto conjunto de medidas de simplificação, desmaterialização e desformalização de actos e processos na área do registo predial, concretizando, assim, mais uma medida do programa SIMPLEX.

As medidas aprovadas não constituem um exercício isolado de simplificação no sector da justiça. Fazem antes parte de um vasto conjunto de medidas já em vigor, incluem a criação de serviços de «balcão único», a eliminação de formalidades e simplificação de procedimentos e a disponibilização de novos serviços através da Internet.

De entre as medidas, destaca-se a prestação de novos serviços em regime de «balcão único», permitindo-se que advogados, câmaras de comércio e indústria, notários e solicitadores prestem serviços relacionados com transacções de bens imóveis em regime de balcão único, a eliminação da competência territorial das conservatórias, a criação de condições legais para que possam ser promovidos actos de registo predial através da Internet e para que possa ser solicitada e obtida online uma certidão permanente de registo predial, a disponibilizar em sítio na Internet.

Finalmente, os preços dos actos de registo passam a ser únicos e, por isso, mais transparentes. Os preços dos registos deixam de resultar da soma de várias parcelas avulsas, o que tornava extraordinariamente difícil, para os interessados, conhecer o custo real dos registos dos actos que pretendiam realizar. Com as alterações agora introduzidas, os preços passam a ter uma lógica de processo de registo e a incluir, designadamente, as certidões entregues, enviadas ou disponibilizadas aos interessados na sequência de cada processo de registo.

Pretende-se, de igual modo, que o preço das certidões, fotocópias, informações e certificados de registo predial emitidas fora do âmbito de um processo de registo seja, preferencialmente, único e facilmente compreensível para os interessados.

A presente portaria destina-se, pois, a regulamentar os preços devidos aos serviços de registo pelas certidões, fotocópias, informações e certificados de registo predial, emitidas fora do âmbito de um determinado processo de registo. A aprovação desta portaria não prejudica futuras revisões que a introdução de uma certidão permanente de registo predial disponível através da Internet possa implicar, designadamente para reforçar o carácter único dos preços das certidões, fotocópias informações e certificados de registo predial em papel.

Assim:

Manda o Governo, pelo Ministro da Justiça, ao abrigo do n.º 1 do artigo 3.º do Decreto-Lei n.º 145/85, de 8 de Maio, o seguinte:

Artigo 1.º

Objecto

A presente portaria regula as taxas devidas aos serviços de registo pela emissão de certidões, fotocópias, informações e certificados de registo predial.

Artigo 2.º

**Certidões, fotocópias, informações
e certificados de registo predial**

1 – Pela requisição de emissão ou de confirmação de certidão negativa:

 a) Respeitante a um só prédio – € 30;
 b) Por cada prédio a mais – € 16.

2 – Pela requisição de emissão ou de confirmação de certidão ou fotocópia de actos de registo:

 a) Respeitante a um só prédio – € 30;
 b) Por cada prédio a mais – € 16;

3 – Pela requisição e emissão de certidão ou fotocópia de documentos – € 30.

4 – Por cada certificado predial relativo a direito real de habitação periódica – € 12.

5 – Por cada informação dada por escrito:

a) Relativa a um prédio – € 10;
b) Por cada prédio a mais – € 5.

6 – Por cada informação escrita não relativa a prédios – € 15.

7 – Por cada fotocópia não certificada, por cada página – € 0,50.

8 – O montante devido pelo pedido de certidões e fotocópias, nos termos dos números anteriores, é restituído no caso da recusa da sua emissão.

9 – As taxas previstas neste artigo constituem receita do Instituto dos Registos e do Notariado, I. P.

10 – Para fazer face ao encargo com a gestão dos sistemas informáticos necessários à sua disponibilização, constitui receita do Instituto das Tecnologias de Informação na Justiça, I. P. (ITIJ, I. P.), o montante de € 5, a deduzir aos valores previstos nos n.ºs 1 a 6 deste artigo.

11 – Por cada processo de registo é entregue, enviada ou disponibilizada ao requerente uma certidão gratuita de todos os registos em vigor respeitantes ao prédio em causa, nos termos do disposto nos n.ºs 6 e 7 do artigo 110.º do Código do Registo Predial.

Artigo 3.º

Entrada em vigor

A presente portaria entra em vigor no dia 21 de Julho de 2008.

Pelo Ministro da Justiça, *João Tiago Valente Almeida da Silveira*, Secretário de Estado da Justiça, em 14 de Julho de 2008.

BIBLIOGRAFIA

António Menezes Cordeiro, *Direitos Reais*, Lex, Reprint, 1979.
António Menezes Cordeiro, *ROA*, n.º 53, 1993.
António Menezes Cordeiro, *Da Boa Fé no Direito Civil*, Almedina, 2007.
A. Pereira da Costa, *Servidões*, 1991.
Antunes Varela, *Manual de Processo Civil*, Vol. 2.º, 1985.
Cunha Gonçalves, *Comentário ao Código Comercial*, III.
Durval Ferreira, *Posse e Usucapião*, Almedina, 2003.
Francisco Torrinha, *Dicionário Latino-Português*, 1945.
Galvão Telles, *O Direito*, 121.
Isabel Pereira Mendes, *Código do Registo Predial*, 12.ª edição.
João Carlos Gralheiro, *ROA*, 59, 1999.
José Alberto C. Vieira, *Direitos Reais*, Coimbra Editora, 2008.
José António de França Pitão, *Posse e Usucapião*, Almedina, 2007.
José de Oliveira Ascensão, *Direito Civil Reais*, 5.ª edição, Coimbra Editora, 1993.
Luís A. Carvalho Fernandes, *Lições de Direitos Reais*, 4.ª edição, Quid Juris, 2004.
Manuel Henrique Mesquita, *Direitos Reais*, 1967.
Mota Pinto, *Direitos Reais*, 1971.
Orlando de Carvalho, *Introdução à Posse*; RLJ, 122.
Penha Gonçalves, *Direitos Reais*, 2.ª de. 1993.
Pires de Lima/Antunes Varela, *Código Civil Anotado*, 2.ª edição.
Rui Pinto Duarte, *Curso de Direitos Reais*, Principia, 2002.

ÍNDICE IDEOGRÁFICO

A

Acção de reivindicação – 21;
Acção de usucapião – 23;
Acessão – 9.1; 9.2; 10.1;
Accipiens – 7.2;
Acto – 2.2; 3.1; 3.2; 12.2; 20.1;
 – possessório – 2.2; 3.1; 3.2; 12.2; 20.1;
Adquirente – 5.2; 9.1; 21; 23.1; 23.3; 23.4;
Afixação de editais – 23.3.1;
Águas – 2.2;
Agravo – 23.3.1;
Alvará – 23.2;
Animus – 1.2; 3.1; 3.2; 6.1; 13.1;
 – *possidendi* – 1.2;
Anomalia psíquica – 23.3.1;
Aplicação – 7.2; 22.2;
 – analógica – 7.2; 22.2;
Aquisição – 1.2; 1.3; 2.1; 2.2; 3.1; 3.2; 4.1; 5.2; 6.1; 6.2; 7.2; 9.1; 9.2; 9.3; 10.1; 11.2; 12.2; 13.1; 14.2; 15; 16.1; 16.2; 17.1; 17.2; 17.3.2; 18.1; 19.1; 20.1; 22.1; 22.3; 23.1; 23.2; 23.3;
Arquivamento do processo – 23.3.1;
Arrendamento – 4.2; 11.2; 22.4;
Arrendatário – 13.1; 13.2; 22.3; 23.1;
Arresto – 17.3.2;
Arrolamento – 17.3.2;
AUGI – 11.2;
Autarquia (local) – 6.2;
Autorização – 3.2;
 – administrativa – 3.2;
Aviação – 17.3.3;

B

Baldios – 6.4;
Base de dados – 23.3.1;
Bem – 4; 2.1;
 – Corpóreo – 4;
 – usucapível – 2.1;
Beneficiário – 12.1; 13.1; 15;
Benefício – 1.2; 3.2; 6.2; 10.1; 14.1; 14.2; 23.1;
Boa fé – 5.2; 7.1; 7.2; 14.2; 18.1; 18.2; 21; 23.2;

C

Capacidade – 12; 12.1; 12.2; 15;
 – gozo – 12.1,
 – exercício – 12.2;
Capaz – 6.1; 6.2; 12.1; 13.2;
Cego – 23.2
Cemitério – 6.2;
Cessão – 17.3.2;
 – créditos – 17.3.2;
Citação – 8.3; 23.3.1;
Coacção – 5.1; 19.1;
 – física – 5.1; 19.1;
 – moral – 5.1; 19.1;
Código (Seabra) – 1.1; 9.3;
Coisa – 4.1; 7.2;

– móvel – 4.1; 7.2;
– corpórea – 4.1;
– pública – 6.2;
Comodatário – 3.3; 13.1;
Competência – 17.2; 17.3.2; 23.3;
  23.3.1;
  – territorial – 23.3.1;
  – por exclusão – 23.4;
Compossuidor – 14.1; 14.2;
Compra – 3.1; 3.2; 12.1; 13.2; 16.2;
  17.3.1; 17.3.3; 19.2;
Compromisso (arbitral) – 8.3;
Cômputo (prazo) – 8;
Condomínio – 3.2; 11.2; 22.2;
Cônjuge – 14.2; 23.2; 23.3.1;
Conservador – 17.2; 23.2; 23.4;
Conservatória – 17.2; 17.3.2; 23.1;
  23.2; 23.4;
Continuidade – 3.2, 9.2; 23.2;
Constituição – 1.2;
  – originária – 1.2;
Contagem (prazo) – 8.1; 9.3; 19.1;
Contrato-promessa – 3.1; 3.2; 19.2;
Contribuição – 3.2;
  – autárquica (predial)
  – 3.2;
Convenção (Haia) – 17.3.3;
Corpus – 1.1; 1.2; 3.1; 6.1; 14.1;
Credor – 15; 23.2

D

Declaração complementar – 23.3.1;
Declarações falsas – 23.2;
Depositário – 3.1; 13.1;
Desburocratização – 23.3;
Descrição – 23.3.1;
Desjudicialização – 23.3;
Detenção – 13; 13.1; 13.2;
Detentor – 2.2; 3.2; 3.3; 5.2; 13.1;
  13.2; 21;
Diário – 23.3.1;

Direito(s) – de autor – 6.3;
  – inalienável – 6.3;
  – imprescritível – 6.3;
  – irrenunciável – 6.3;
  – propriedade – 1.2; 1.3;
  2.1; 2.2; 3.1; 3.2; 5.2;
  6.2; 10.1; 11.1; 11.2;
  17.3.2; 22.1; 22.2; 22.3;
  22.4; 23.1; 23.2;
  – real de gozo – 1.2;1.3;
  3.2; 6.2; 11.2; 22.4;
  – real maior – 22.1;
  – real menor – 22.1;
  – superfície – 2.1;
  – usucapido – 11.1;
Disposições (imperativas) – 2.2; 6.2;
Doação – 5.2;
Domínio – 1.1; 3.1; 3.2; 6.2; 6.3; 9.3;
  22.3;
  – público – 6.2; 6.3; 6.4;
  – privado – 6.2; 6.3;
  – de facto – 3.1; 3.3; 7.1;

E

Emolumentos – 23.3.1;
Encargos – 11.2; 17.2; 22.1; 22.2;
  22.3;
Enriquecimento (sem causa) – 1.3;
Esbulho – 20.2;
Escritura – 5.2; 16.2; 17.2; 21;
  – justificação – 23.2;
  – partilhas – 21;
Estabelecimento (comercial) – 4.2;
Estado – 1.3; 6.2; 6.4; 23.3.1;
Exceptio – 1.1;
Ex officio – 23.1,
Extemporaneidade – 23.3.1;
Extracto – 23.3.1;

F

Facto – jurídico – 17.2;

– humano – 2.2;
– sujeito a registo 17.2;
– constitutivas do direito – 23.1;
Falsas declarações – 23.2
Fé pública – 21; 23.2;
Fontes – 1.1; 2.1; 2.2;
Fracção autónoma 23.2;
Funcionário – 23.2;
Fundamentos sociológicos – 3.2;
Fundamentos políticos – 3.2;

Interrupção – 8.1; 8.3; 23.3;
Inventário – 16.2;
Inversão do título – 3.3; 8.3; 13.1; 13.2; 13.3; 22.1;
Invocação – 4.1; 6.2; 10.1; 11.1; 11.2; 15; 23.1; 23.2; 23.3; 23.4;
– judicial – 23.4;
– extra-judicial – 10.1; 23.1; 23.2; 23.3;
Ipso jure – 23.1;

G

Garantias – 2.1; 4.1; 21; 22.1; 23.2;

H

Habitação – 6.1; 11.2; 22.2;
Herança – 4; 8.2;
– ilíquida – 23.2
Herdeiro – 14.2; 23.3;
Hipoteca – 2.1; 17.3.2;

I

Imóvel – 1.2; 1.3; 3.1; 3.2;5.2; 7.1; 11.2; 16.2; 19.2; 21; 23.2; 23.3; 23.4;
Imóveis – 5.2; 7.1; 7.2; 16.1; 17.2; 23.2; 23.4;
Impugnante – 23.3.1;
Incapaz – 10.1; 12.1; 12.2; 23.1;
Indeferimento liminar – 23.3.1;
Inequivocidade – 3.2;
Inscrição matricial – 23.3.1;
Interdito – 8.2; 12.2;
Interessado – 5.1; 5.2; 15; 17.2; 20.1; 23.2; 23.3.1; 23.4;
Interesse público – 1.3; 6.2;

J

Jus imperium – 6.2;
Justificação – 1.3; 6.1;
– notarial – 17.2; 23.2; 23.3;
– de direitos 17.2; 23.3;
– judicial – 17.2; 23.3;
Justificante – 23.3.1;

L

Litígio – 23.3;
Litigiosidade – 23.4;
Locatário -3.3; 13.1; 22.4;
Logradouro – 6.4; 22.3;
Legitimidade – 14.2; 16.2; 23.2; 23.3.1;
Loteamento – 2.2; 6.2; 11.2;
– clandestino – 2.2; 6.2;

M

Má fé – 5.1; 5.2; 7.1; 7.2; 9.3; 14.2; 16.1; 18.1; 18.2; 19.2; 20.2;
Massa patrimonial – 23.2
Matrícula – 17.3; 17.3.1; 17.3.2; 17.3.3;

Matriz – 23.2; 23.3;
 – predial – 23.2;
Meios judiciais – 23.3.1; 23.4;
Meios de prova – 23.3.1;
Menor – 1.2; 7.1; 8.2; 12.2; 22.1; 23.2;
Mera detentio – 3.3;
Mera tolerância – 3.2; 6.1;
Ministério Público – 10.1; 23.1; 23.3.1;
Ministro da Justiça – 23.3.1;
Móvel – 1.2; 1.3; 4.1; 7.1; 7.2;
Móveis – 1.3; 5.2; 7.1; 7.2; 16.1; 17.3; 17.3.2;
Mudo – 23.2;

N

Nascentes – 2.1; 2.2;
Navio – 17.3; 17.3.2;
Negócio – jurídico – 3.1, 5.2; 6.2; 16.1; 16.2;
 – anulável – 5.2;
 – dissimulado – 5.2;
 – anulável – 5.2;
Normas imperativas – 2.2; 6.2;
Notificação – 8.3; 23.3.1;
 – edital – 23.3.1;
Nua-propriedade – 2.2;
Nu-proprietário – 2.2;
Nulidade – 1.2; 5.2; 23.2; 23.4;

O

Ocupação – 3.2; 12.2; 19.2;
Ónus – 11.1; 17.2; 22.1; 23.2;
Oposição – 3.3; 4.1; 11.1; 13.2; 14.1; 17.3.2; 19.2; 22.1; 23.3.1; 23.4;

P

Parcela – 2.2; 6.2; 11.2; 23.2;

Parcelamento – 2.2; 5.2;
Parentes sucessíveis – 23.3.1;
Partilha – 13.2; 16.2; 21;
Pedido – 23.3; 23.3.1; 24.1
Penhor – 2.1; 17.3.2, 22.2;
Peritagem – 23.3.1;
Personalidade – 12.1;
 – jurídica – 12.1
Plano de Pormenor – 11.2;
Poder – 3.1; 6.2;
 – de facto – 3.1; 3.2; 13.1; 7.2; 22.4;
 – erga omnes – 22.4;
Portaria – 23.3.1;
Posse – autónoma – 9.2;
 – boa – 1.2; 6.2; 8.1; 9.1; 9.2; 12.2;
 – de boa fé – 5.2; 18.1;
 – causal – 3.2;
 – clandestina – 20.1
 – comum – 14.1;
 – efectiva – 2.2; 3.2;
 – formal – 3.2; 16.1; 22.1;
 – lícita – 3.2;
 – legítima – 3.2;
 – de má fé – 19.2
 – mera posse – 7.1; 7.2; 16.1; 20.2;
 – não titulada – 5.2; 9.3; 16.2; 17.2; 23.2;
 – nova – 10.1;
 – oculta – 20.1; 20.2;
 – pacífica – 5.1; 7.2; 19.1;
 – prescricional – 1.2; 1.3; 8.3; 10.1; 11.2;
 – prolongada – 1.2; 6.2; 11.2;
 – pública – 1.3; 16.1; 20.1;
 – titulada – 5.2, 16.1; 16.2; 17.2; 23.2;
 – vencedora – 14.1;
 – violenta – 5.1; 5.2; 19.2; 20.2;
Possuidor – 1.1; 1.2; 1.3; 2.2; 3.1;

3.2; 3.3; 5.1; 5.2; 6.2; 7.1; 7.2;
8.3; 9.1; 9.2; 10.1; 11.1; 12.1;
13.1; 13.2; 14.2; 15; 16.1; 18.1;
19.2; 20.2; 21; 22.3; 23.4;
Possuidor precário – 13.1;
Possuidor de boa fé – 14.2;
Prazo – 3.2; 3.3; 5.1; 5.2; 7.1; 7.2;
8.1; 8.3; 9.1; 9.2; 9.3; 14.2; 15;
16.1; 16.2; 17.1; 19.1; 21; 23.2;
23.3;
Prazos – 3.2; 5.2; 7.2; 9.1; 9.3; 14.2;
16.1; 16.2; 17.1;
Prédio rústico – 2.2; 6.2;
Prédio urbano – 6.2; 11.2;
Preferência – 2.1; 22.4;
Prescrição – 1.1; 1.2; 8.1; 8.2; 9.3;
– aquisitiva – 1.2;
– positiva – 1.1; 1.2;
Prescritio – 1.1;
Presunção – 3.1; 18.2; 19.2; 23.1;
23.2
– ilidível – 18.2;
– inilidível – 18.2; 19.2;
Procedimento – 17.2; 23.2;
– judicial – 23.2;
Processo anormal – 23.2;
Processo registral – 23.3.1;
Promitente-comprador -3.1; 3.2;
Promitente-vendedor – 3.2;
Propriedade horizontal – 2.1; 2.2;
11.2;
Proprietário – 3.2; 3.3; 6.1; 11.1;
22.1; 22.3; 23.2;
– onerado – 11.1;
– livre – 11.1;
Provocatio ad agendum – 23.2;

Q

Quota ideal – 16.2;
Quotas-sociais – 14.1;

R

Recurso – 23.3; 23.3.1;
Registo – aeronaves – 17.3.3;
– automóveis – 17.3.1;
– comercial – 17.3.2;
– definitivo – 5.1; 5.2; 7.1;
7.2; 10.2; 11.2; 16.1; 17.1;
17.3; 20.2; 21; 23.2; 23.3;
23.3.1; 23.4;
– imóveis – 17.2;
– navios – 17.3.2;
– obrigatório – 17.2; 23.2;
– predial – 17.2; 22.3; 23.2;
23.3; 23.4;
Reconhecimento – 1.2, 2.2; 6.2; 8.3;
12.1; 17.3.2; 23.3.1;
Relação possessória – 6.1;
Relações de vizinhança – 6.1;
Remessa a tribunal – 23.3.1;
Renda – 13.2; 13.3;
Renúncia – 15;
Reparação – 23.3.1;
Representante – 10.1; 12.2; 13.1;
23.1; 23.2; 23.3.1;
Reserva agrícola – 11.2;
Retroactividade – 10.2;

S

Sector comunitário – 6.4;
Senhorio – 10.1; 13.2;
Serviços de registo – 23.3.1;
Servidão – passagem – 6.2; 11.1;
– non aedificandi – 6.1;
– predial – 2.1; 6.1;
– de vistas – 3.2; 11.2;
Servidões aparentes – 6.1;
Simplificação processual – 23.3
Simulação – 5.1; 5.2; 16.1;
Sinais visíveis – 6.1;

Sítio da Internet – 23.3.1;
Solidariedade – 14.1;
Sucessão – 9.1; 10.1;
Surdo – 23.2;
Suspensão – 8.1; 8.2; 8.3;

T

Terceiro – 1.2; 4.1; 5.1; 5.2; 10.1; 11.2; 13.2; 13.3; 15; 17.2; 20.2; 22.1; 22.3; 22.4; 23.2;
Tempo – 1.1; 1.2; 1.3; 3.2; 4.1; 5.2; 6.1; 6.2; 6.4; 7.1; 7.2; 8.1; 8.2; 9.1; 9.2; 9.3; 20.2; 22.1;
Tempo prescricional – 11.2;
Testemunhas – 22.3; 23.3.1;
– instrumentarias – 23.3.1;
Titular do direito – 1.3; 3.3; 7.1; 13.2; 20.1; 21; 22.2; 23.2; 23.3;
Título – 1.2; 2.1;3.3; 5.2; 6.1; 6.4; 7.1; 7.2; 8.3; 10.2; 13.1; 13.2; 13.3; 14.2; 16.1; 16.2; 17.1; 17.3.2; 18.1; 18.2; 19.2; 21; 22.1; 23.2; 23.3;
Titulus adquirendi – 16.1;
Tolerância – 3.2; 6.1; 13.1;
Traditio – 3.2;

Trato sucessivo – 17.2; 23.2; 23.3; 23.3.1;
Tutela possessória – 3.3; 4.2;

U

União de posses – 9.2;
Universalidades – 4;
Uso – 1.1; 1.3; 3.3; 6.1; 6.2; 6.4; 12.2; 22.2; 22.4;
Usos e costumes – 6.4;
Usucapião – 1.1; 11.1; 22; 22.1; 22.2; 22.3; 22.4;
– (noção) – 1.2;
Usucapiente – 8.3;
Usucapitabilidade – 2.1;
Usucapto – 2.1;
Usufruto – 2.1; 2.2; 6.1; 17.3.2; 22.2; 23.3;
Usufrutuário – 2.2; 13.2;
Usus – 1.1;

V

Vícios – 5.2; 11.1; 16.1; 15.2; 22.3;
Vicissitudes registrais – 10.2; 21
Vontade – 3.1; 4.1; 5.2; 9.2; 10.1; 23.1;

ÍNDICE GERAL

Nota introdutória 7

USUCAPIÃO 9

1. Sua origem, noção e fundamento 11
   1.1 Origem 11
   1.2 Noção 11
   1.3 Fundamento 13
2. Dos bens usucapíveis 15
   2.1 A regra 15
   2.2 As limitações 16
3. A posse do bem 18
   3.1 O corpus e o animus 18
   3.2 A posse efectiva 20
   3.3 A mera detentio 23
4. A posse de bem corpóreo 24
   4.1 As quotas sociais 24
   4.2 O direito ao arrendamento 25
5. Características essenciais da posse 26
   5.1 Posse pacífica e pública 26
   5.2 Posse violenta ou oculta 26
6. Dos bens não usucapíveis 29
   6.1 Bens excluídos pelo código civil 29
   6.2 Outros bens excluídos da usucapião 32
   6.3 O caso específico dos direitos de autor 36
   6.4 O caso específico dos Baldios 37
7. Da relevância do tempo na usucapião 38
   7.1 A medida do tempo 38
   7.2 Concretizando os prazos 40
       a) Para as coisas imóveis 40
       b) Para as coisas móveis sujeitas a registo 41
       c) Para as coisas móveis não sujeitas a registo ... 41
8. Do cômputo do prazo 41
   8.1 Suspensão e interrupção 41

8.2 A suspensão da usucapião 43
 8.3 A interrupção da usucapião 43
 9. A titularidade da posse 44
 9.1 Acessão e sucessão na posse 44
 9.2 A continuidade da posse 45
 9.3 Contagem do prazo entre dois regimes 45
10. Invocação triunfante da usucapião 47
 10.1 A vontade de usucapir 47
 10.2 Eficácia e retroactividade da usucapião 48
11. Conteúdo do direito usucapido 49
 11.1 Da posse exercida 49
 11.2 Da substância da usucapião 50
12. Capacidade para adquirir por usucapião 51
 12.1 Capacidade de gozo 51
 12.2 Capacidade de exercício 52
13. Da usucapião em caso de detenção 53
 13.1 O possuidor precário 53
 13.2 A inversão do título 53
 13.3 A inversão do título em sentido oposto 54
14. Da usucapião por compossuidor 55
 14.1 A regra da solidariedade 55
 14.2 O benefício da boa fé de um compossuidor 55
15. Da renúncia à usucapião 56
16. Da relevância do título na usucapião 56
 16.1 A posse titulada 56
 16.2 A posse não titulada 58
17. Da relevância do registo na usucapião 59
 17.1 Registo do facto jurídico 59
 17.2 Registo dos imóveis 59
 17.3 Móveis sujeitos a registo 61
  17.3.1 Registo de automóveis 61
  17.3.2 Registo de Navios 63
  17.3.3 Registo de Aeronaves 64
18. Da relevância da boa ou má fé na usucapião 66
 18.1 Conceito ético 66
 18.2 Presunções 66
19. Da relevância da posse pacífica ou violenta 67
 19.1 Os conceitos 67
 19.2 Os efeitos 67
20. Da relevância da posse pública ou oculta 68
 20.1 Os conceitos 68
 20.2 As consequências 68
21. Relevância da usucapião versus registo 69

22. Da usucapio libertatis 70
22.1 Usucapião da liberdade do prédio 70
22.2 Aplicação analógica da figura 70
22.3 Fundamento da figura 71
22.4 O direito ao arrendamento 72
23. Da Invocação da Usucapião 73
23.1 A invocação da usucapião (extra-judicial ou judicial) 73
23.2 A invocação extra-judicial, por escritura de justificação notarial 74
23.3 A Invocação extra-judicial, no serviço do Registo Predial. 84
    23.3.1 A tramitação do processo 86
        a) A apresentação do pedido 86
        b) Rejeição do pedido 87
        c) Indeferimento liminar 88
        d) Prosseguimento do processo 90
23.4 A invocação judicial 93

LEGISLAÇÃO ANEXA 99

    Disposições legais, do Código Civil, aplicáveis à usucapião 101

    Disposições legais, do Código do Notariado, aplicáveis à usucapião 113

CÓDIGO DO REGISTO PREDIAL 119

    Portaria n.º 621/2008, de 18 de Julho 205

    Portaria n.º 622/2008, de 18 de Julho 215

Bibliografia 219

Índice ideográfico 221

Índice Geral 227